孤独的哲学

A Philosophy Of Loneliness

（挪威）拉斯·弗雷德里克·H·史文德森 著
Adams 译

化学工业出版社
·北京·

Ensomhetens Filosofi（Simplified Chinese Language）
ⒸLars Fr. H. Svendsen
First published by Universitetsforlaget 2015.
Published in agreement with Oslo Literary Agency and Rightol Media.
本书中文简体字版由 Universitetsforlaget 授权化学工业出版社独家出版发行。本版仅在中国内地（大陆）销售，不得销往其他国家或地区。未经许可，不得以任何方式复制或抄袭本书的任何部分，违者必究。

项目合作：锐拓传媒 copyright@rightol.com
北京市版权局著作权登记号：01-2021-5600

图书在版编目（CIP）数据

孤独的哲学／（挪威）拉斯·弗雷德里克·H.史文德森（Lars Fr. H. Svendsen）著；Adams 译 . —北京：化学工业出版社，2021.10
书名原文：Ensomhetens Filosofi
ISBN 978-7-122-39699-0

Ⅰ.①孤… Ⅱ.①拉…②A… Ⅲ.①人际关系 - 社会心理学 - 通俗读物 Ⅳ.①C912.11-49

中国版本图书馆 CIP 数据核字（2021）第 161424 号

责任编辑：罗　琨　　　　　　装帧设计：水玉银
责任校对：李雨晴

出版发行：化学工业出版社（北京市东城区青年湖南街13号　邮政编码 100011）
印　　装：三河市双峰印刷装订有限公司
880mm×1230mm　1/32　印张 7¾　字数 139 千字
2022 年 2 月北京第 1 版 第 1 次印刷

购书咨询：010-64518888　　　售后服务：010-64518899
网　　址：http://www.cip.com.cn
凡购买本书，如有缺损质量问题，本社销售中心负责调换。

定　　价：58.00 元　　　　　　　　　　版权所有　违者必究

目录

A Philosophy of Loneliness

序章 001 孤独，一种常见的人类现象 // 002
孤独的哲学 // 013

**第一章
孤独的本质
017** "孤独"与"独处" // 020
孤独和生命的意义 // 027
孤独的形态 // 033
孤独与健康 // 037

**第二章
孤独是一种情绪
041** 什么是情绪 // 044
情绪的表达 // 048
情绪的作用 // 052
以孤独为世界观 // 054
塑造感情生活 // 059

**第三章
谁是孤独者
063** 量化孤独 // 066
挪威人的孤独 // 069
孤独，生命阶段和社群 // 074
孤独与性别 // 076
孤独与个性 // 078

第四章	信任的文化 // 090
孤独与信任	人际交往中的信任 // 093
085	

第五章	谈友情 // 101
孤独，友谊和爱	谈爱情 // 109
097	犬儒主义与怀疑主义 // 115
	爱情、友情与认同 // 122

第六章	什么是自由个体？ // 129
个人主义与孤独	独自生活 // 135
127	深受孤独困扰的个体 // 139
	孤独与社交媒体 // 145

第七章	孤独与洞察力 // 156
独处	卢梭与令人失望的独处 // 162
149	孤独的可行性 // 165
	摆脱他人目光的束缚 // 170
	独处能力 // 174

第八章	孤独与羞耻 // 181
孤独与责任感	孤独、归属感与人生的意义 // 184
179	对情绪负责 // 187
	你的孤独 // 193

参考文献 // 195

致　谢 // 243

序 A Philosophy of Loneliness 章

笔者本以为自己对孤独问题十分了解，后来发现大部分认识都是错的。以前笔者以为，男性比女性更孤独，而且孤独的人更加离群索居；随着一人户数量的显著上升，感到孤独的人数也会随之而增；社交媒体取代了传统社交活动，也会导致孤独现象更加严重。笔者还曾以为，孤独虽是一种主观感受，但与其将它归因于个人的秉性，不如从社会环境的角度予以解读。笔者更以为，北欧各国的孤独程度很高，而且感到孤独的人数还在上升；感受到孤独的人数之所以上升，是因为近现代个人主义的兴起。

从未有哪个课题，像孤独般颠覆了笔者的所有认知——要知道，这些先入为主的概念，已在世上广为传播。多数人认为，它们是大众媒体给予我们的固有印象。比如，大众媒体总会用"孤独瘟疫"这种表述——写到这儿,笔者上网搜了一下"孤独瘟疫",搜索结果竟有 40 多万条。所以,在谈及孤独问题时,这些固有印象会严重误导我们。此外,"孤独瘟疫"最为泛滥的地方,恰恰就是大众媒体——"孤独"一词出现在大众媒体的次数,每年都会增长。不过,我们需要明白,虽然孤独受到了越来越多的关注,但这并不代表现实中的孤独问题越来越严重。

对广受孤独折磨的人来说,孤独俨然成了大问题。孤独已严重影响了他们的身心健康甚至生活质量。可是,孤独却是个非常难以调研的课题,因为孤独者的内心充满了无法分享的痛苦。但另一个很奇怪的事,是有时候我们一生中最美好的时刻,可能就会在独处时到来。"独处"(此处我们姑且这么称呼它)会揭示我们生命中很多重要的事,它不仅与我们自身相关,也与我们在世界的位置相关。

本书介绍了多年来笔者对孤独相关问题的研究成果,包括:孤独究竟是什么,它会影响哪些人,孤独感因何产生、延续和消散,以及如何将孤独与个人和社会联系起来。

孤独,一种常见的人类现象

孤独究竟是何感觉,想必不用浪费笔墨。自童年时期,你身边的所有孩子都拥有玩伴，而你孑然一身的那天起；自你拥有众多至爱亲朋，却不得不独处的傍晚时起；自你在某场派对上寻不到灵魂挚友，周围却满是他人忙碌交流的身影时起；自你与恋人相依而眠，却意识到关系已走到尽头的那一刻起；以及与恋人分别后，置身于曾经的居所时起，我们就已对"孤独感"心知肚明。

我们总会为爱付出代价，孤独便是其中之一。关心他人的人，深爱对方的人，都会在某些时刻经历孤独，那就是他所关心/深爱的对象离开之时，不论精神还是身体上都是如此。当然，你可以避免与他人太过亲近，这样就能免受孤独的侵袭。然而，这样做的代价，是更为严重且长久的孤独。

孤独会以一种意味深长的方式，将你和他人隔绝开来。同样地，孤独也会将你同自身，以及自身的某个重要部分割裂开来，因为这重要的部分，只能通过社交存在并成长。司汤达❶曾说："在独处时，你可以获得一切，除了秉性。"[1]然而，独处时无法获得的可不止"秉性"一项。从根本上讲，如果一个人始终孤独，那他是无法作为正常人类存在的。与

---

❶ 司汤达：马里-亨利·贝尔（Marie-Henri Beyle）的笔名，后他以该笔名闻名于世。司汤达是19世纪法国批判现实主义作家，其作品有着超越时代的现代感，既为他所处时代的写真，也展现了未来文学的形态，可谓"继往开来"。其代表作为《红与黑》《拉辛与莎士比亚》等。

他人建立起的联系,与周围的人产生的相同感受,会塑造一个人的人性。正如 C.S. 刘易斯❶所说:"只要我们心智健全,就会自然而然地发现孤独这种情绪。无论在肉体、情感还是精神上,我们都需要他人。因为我们靠他人认识世间万物,包括我们自身。"[2]多说一点:对于我们来说,"被需要"的感觉亦是必需。

无论在家独处还是被人群包围,无论身处大自然还是待在无人的教堂,人都可能感受到孤独。古往今来,为孤独而作的歌曲数不胜数,但没有一首像《孤独即全部》那般,用一波波沉重的忧郁感,抓住了孤独的本质。这首歌出自纽约的盲人流浪汉歌手"月亮狗"(1916—1999)。在美国人口最为稠密的城市之一——纽约市的"心脏"——曼哈顿,"月亮狗"坐在某栋建筑门前,写下了这首名作。格奥尔格·齐美尔❷在《大都会与精神生活》(*The Metropolis and Mental Life*)一文中指出,在繁华的大都市里,能让人感

---

❶ C.S. 刘易斯:即克莱夫·斯特普尔斯·刘易斯。英国著名作家、批评家、神学家。作为英国文学界最为重要的人物之一,他创作了很多脍炙人口的科幻及幻想小说,除了为人所熟知的《纳尼亚传奇》,还有"空间三部曲"等。不仅如此,他还撰写了多部神学著作,如《天路回归》《返璞归真》等。最后,他作为文学评论家及批评家,在牛津大学和剑桥大学任教期间,出版了多部相关作品。

❷ 格奥尔格·齐美尔:德国社会学家、哲学家,反实证主义社会学思潮的代表人物之一。他提出了社会唯名论、形式社会学等思想,认为社会冲突促进了社会的和谐与稳定。其作品有《历史哲学问题》《货币哲学》等。

到孤独的场所少之又少[3]。他认为，导致孤独产生的罪魁祸首并非缺乏社交，而是未能实现的社交理想。换句话说，如果我们不是社交物种，孤独将不复存在[4]。这一观点十分准确：正因我们是社交物种，我们栖身于社会空间，在难以与他人建立连接时，才会感到孤独。20世纪30年代初，亚历西斯·德·托克维尔❶提出了相同的观点[5]。他在一封信里写道："一个人置身人群中所感受到的孤独，远比身陷沙漠严酷。"[6]2004年的《纽约客》杂志上曾刊载了一幅漫画，将大都市的灰暗诠释得淋漓尽致：某位街头小贩立起牌子，上面赫然写着"看一眼，一美元"。诚然，孤独存在于大都市之中，但不止如此。大都市、小城市抑或农村，但凡有人存在的地方，孤独无处不在。

人们时常会感到孤独。宣称从未孤独过的人，很可能正在饱受情感缺失或缺陷的折磨。原因很简单，人们从孩提时期起，就始终渴望与他人交流。然而，在人的一生中，这种需求不可能总是得到满足。但在针对这一课题的调研中，很大一部分受访者都表示，他们从未感到过孤独。对于这一结果，笔者是这样理解的：他们现在的确不孤独，但一定知道"孤独"是何感觉。而在他们的一生中，总有受孤独侵袭的可能。

---

❶ 亚历西斯·德·托克维尔：法国政治家、思想家、历史学家。

事实上，很多人都称自己生活在"孤独时代"[7]，罹患名为"孤独"的流行病[8]。然而，我们并不能就此认为，当今孤独感的传播范围比过去更广。一些流行病学的研究机构，分析了过去数十年间孤独传播的发展趋势，以此证明较之过去，孤独的传播范围并没有显著扩张。进一步讲，倘若我们追溯历史思潮，会发现"孤独"这一概念并非像"无聊"那般，不经意间一夜走红，席卷世界[9]。实际上，对孤独的讨论，始终贯穿于各个时代之中。比如，在启蒙运动与浪漫主义时代，人们经过较长时间的研究，最终把孤独定义为一种"常见的人类情绪"，并将它与数次社会变迁联系起来。再比如，过去三十年间，我们对孤独的研究已有了显著的发展。一般说来，人们对某个问题的认识越深，越会意识到其严重性。然而没有任何证据表明，这样的情况出现在"孤独"上。

笔者在阐述"孤独"和"不孤独"的区别时，发现诸多理想化认识，共同构建了这样一种理解：所有个体都可轻易地被一分为二，二者间有着鲜明的界线，非黑即白。但事实则是，所有个体都是"连续体"，不能一概而论。因此，解读关于"孤独"的常见认识时，一定要牢记这点：无论孤独产生的原因，还是孤独带给人的感受，都是纷繁多样的——对饱受欺凌的人来说，孤独大多源自外部；而对朋友众多、家庭和睦的人，我们要关注其内在情绪或认识倾向，抑或同时关注两者。还有一种常见说法，即"孤独会让 X 产生某种强烈倾向"（X指某种认知、情绪或行为特征）。它强调了在"孤独者"中，某些特征会广泛存在。但群体内的不同成员间会有显著的差异，成员们未必拥有统一特征。尽管如此，这种认识仍能帮助我们更好地区分不同的孤独者群体。比如，X特征在a型孤独者中广泛存在，但不曾出现在b型孤独者身上（这样我们就能区分a、b型孤独者了）。然而，想让这种观点具有学术意义，还需要更多研究成果的支持。

大多数人认为，和他人共处要比独处更快乐[10]，但有些人的感受截然不同。简单说，"独处"本质上是个中性词，至于是正面还是负面，完全取决于你怎样走到"独处"这一步。当我们处在人生中最好或最坏的时刻，"独处"——一个人的狂欢——就会悄然而至。E.M.齐奥朗❶曾如此诠释"独处"的积极一面："我已孤身一人，还能对世界有何苛求呢？没错，远离尘嚣，孑然一身，寂静让我的听觉更加敏锐。"[11]而萨特❷在《恶心》中，则完美诠释了"独处"的消极一面：

---

❶ E.M.齐奥朗：即埃米尔·米歇尔·齐奥朗。罗马尼亚文学家、哲学家。自前往巴黎留学后，他为自己营造了近乎隐居的生活环境，蜗居于旅馆或阁楼，因而"孤独"成了他永远的标签。他著有《历史与乌托邦》等作品。

❷ 萨特：法国哲学家、文学家、戏剧家，存在主义哲学最为重要的代表人物之一。他认为哲学的问题终究是人的问题，存在先于本质；存在主义让人们摆脱了阶级性和社会性的束缚；人的行为均是基于自由而起。其著作《存在与虚无》至今仍是哲学领域的传世经典。

我身陷于可怖的孤独中，甚至想一死了之。然而，没有人，绝对没有，会为我的死而动容。因此，死时的我将会比生时更为孤独——正是这样的想法将我拉了回来[12]。

在萨特绝望的描写之下，安东纳·洛根丁几乎不再形影自守。而马克·吐温笔下的哈克贝利·芬、杰罗姆·大卫·塞林格❶笔下的霍尔顿·考尔菲德，以及诸多小说里的主人公，都曾抱怨过自己是如此孤独，甚至甘愿以死解脱。不过，人们似乎只感受到了蕴藏于孤独中的痛楚，却不愿相信它是自我成长的重要组成。正因如此，莱内·马利亚·里尔克❷才写下了这样的名句：深爱环抱你的孤独，背负悠扬挽歌带来的苦痛[13]。

我们对交流的渴求能否得到满足，没人说得准。但有些人确实很少感到孤独，甚至几乎没有过孤独感；可与此同时，还有很多人为孤独所困。在日常生活中，在关乎生命安危时，孤独总会不期而至。我们都了解孤独是何感受，但感受它的方式却各不相同。长时间受孤独折磨的，只有很少一部分人。而在某些人身上，孤独来袭得如此

---

❶ 杰罗姆·大卫·塞林格：美国作家。他创作的《麦田里的守望者》是文学史上最为经典的作品之一。

❷ 莱内·马利亚·里尔克：奥地利诗人。他的作品中充满了孤寂的气息，常用各种形式的描写表现孤独与寂寥，但却并非批判，而是以此让读者重新认识孤独，意识到其价值所在。其作品有《祈祷书》《杜伊诺哀歌》《马尔特手记》等。

频繁，场景又太过多样，这样的孤独同样被视作"长期孤独"。长期孤独会令人不适甚至痛苦万分，但它依然是可控的。尽管如此，对人的整体存在来说，孤独仍具有潜在威胁。

另一个例子出自马丁·斯科塞斯❶的电影《出租车司机》。男主角特拉维斯·比克曾说："在我的一生中，孤独如影随形，无处不在。酒吧内、车子中、步道上、商店里，世间各处，无处可逃，我是上帝孤独的子民。"（顺带一提，最后一句"上帝孤独的子民"，是该片编剧保罗·施拉德引自托马斯·沃尔夫❷的同名小说）。值得一提的是，上帝在造物时，第一样不让他喜欢的，正是亚当的"孤独"："那人形单影只，实在不好[14]。"

口是心非或带有敌意是人们与生俱来的情绪特征。比如，我们总在需要他人时才依靠他们，却在想保持距离、享

---

❶ 马丁·斯科塞斯：美籍意大利裔导演、制片人、编剧、演员，因作品多反映美国的社会问题，有"电影社会学家"之称。他曾拍摄过多部优秀的电影作品，也斩获过多个电影大奖，其中，2006 年，他凭借《无间行者》获得奥斯卡金像奖最佳导演奖；1976 年，他凭借《出租车司机》获第 29 届戛纳国际电影节金棕榈奖；2002 年，他凭借《纽约黑帮》获第 60 届美国电影电视金球奖电影类最佳导演奖。

❷ 托马斯·沃尔夫：美国作家。他的作品主要诠释了挣扎于大萧条时期的美国青年的迷茫与空虚，以及在逐梦之旅中逐渐体会到的落差与悲伤。《天使，望故乡》《远山》为他的代表作。

受独处时光时将对方一把推开。伊曼纽尔·康德❶用"非社交的社交性"精准地阐明了这一现象[15]。这彼此对立的"两极"——积极地依靠他人,消极地推开他人——虽然截然相反,但都有"孤独"的身影存在。许多对孤独的阐述,明确地将其定义为"积极"或"消极",它们无一例外地体现了"二重性"。针对单一现象,竟催生出了相互矛盾的表述,这真是很奇怪。在拜伦❷的《恰尔德·哈洛尔德游记》(Childe Harold's Pilgrimage)中,他认为孤独是"并非孤身一人"的状态[16]。约翰·弥尔顿❸在《失乐园》(Paradise Lost)中写道:"有时独处才是最好的交际。"[17] 安布罗

---

❶ 伊曼纽尔·康德:德国著名哲学家,西方哲学史上最重要的哲学家之一。在他的学术生涯前期,他的研究重点在自然科学上。而在学术生涯后半程,他将重心转移到哲学领域,提出了先验自由理论、批判哲学理论等新思想,以此引领了德国古典哲学、康德主义等哲学流派的诞生。其创作的《纯粹理性批判》《实践理性批判》《判断力批判》如今仍为哲学经典。

❷ 拜伦:即乔治·戈登·拜伦。英国诗人,浪漫主义文学的代表人物。由于深受启蒙思想的影响,拜伦的作品中满溢着叛逆、奔放与豪迈的情怀,展现了他对残酷现实的反抗与斗争精神,因此有"抒情史诗"之称。而他作品中的主人公,则被人冠以"拜伦式英雄"之名。其创作了《恰尔德·哈洛尔德游记》《唐璜》等传世名作。

❸ 约翰·弥尔顿:英国诗人、政论家。他的作品以美德、奋斗、赎罪等为主题,传递着对自由的追求、以完善自我战胜磨难等精神。其代表作为《失乐园》和《力士参孙》。

斯·比尔斯❶在《魔鬼字典》(Devil's Dictionary)中，将"独处"定义为"糟糕的陪伴"[18]。而在塞缪尔·巴特勒❷看来，抑郁症患者身处"世上最糟糕的社会"，即患者自身[19]。尽管这些作家采用的表达方式很相似，但他们描述的却非同一事物。

在英语中，"孤独"(Loneliness)和"独处"(Solitude)有着显著区别。过去，这两个词可以换着用。但随着时间的推移，它们间的区别逐渐显露："孤独"常指负面情绪，"独处"多代表正面情绪。不过也有例外，比如，艾灵顿公爵❸曾写过一首名为《独处》的爵士标准曲。在创作过程中，有关逝去爱人的记忆，始终萦绕于他的脑海。这种绝望太过沉重，他甚至担心自己会被逼疯。在心理学和社会学相关文学作品中，"孤独"远比"独处"更受重视。但在哲学作品中，人们对孤独的态度可就没这么"一边倒"了。

人可能在无意识间被疏远，但孤独绝不可能在无意识

---

❶ 安布罗斯·比尔斯：美国作家，擅长创作短篇小说。其作品常以死亡为主题，语言风格犀利精练。其作品《魔鬼词典》为人所熟知。

❷ 塞缪尔·巴特勒：英国作家，著有《重生之路》等作品。

❸ 艾灵顿公爵：美国著名作曲家。作为爵士乐的代表人物之一，他主张对爵士乐进行创新，力图在其中加入多种新元素，以及即兴表演等演绎形式。他喜好独奏者，乐团中常安排8名左右的独奏者，并强调钢琴与管乐的平衡。他曾于1966年斩获格莱美终身成就奖。

间来袭。根据情绪的定义，导致不适或痛苦的原因是缺乏交际。"热望"是孤独的重要组成部分，代表人类对跨越自身与关心之人肉体或精神距离的渴望。它是一种期盼，期盼离开之人仍伴随己身，比如离世的家人或挚友、搬家告别的孩子、不在身旁的父母、分手的恋人。当然，我们也可以换个角度理解："热望"是对现实存在的某人异乎寻常的渴望。此外，"热望"也可能是非具体的：只有"想和某人亲近"的想法，却无明确对象。失去这令人痛苦的热望，人就会独处——注意，不是孤独。有些人被诊断为"缺乏社交快感"，简单说，就是他们不渴望社交。正因如此，这些所谓的"社交快感缺乏者"得以和"社会焦虑者"区分开来：在社交领域，"社会焦虑者"是矛盾的结合体——他们既渴望交际，又对交际充满恐惧。相反，"社交快感缺乏者"的交际需求会越来越低，却终不会感到孤独。

　　前文提到，孤独是人们在社交需求未被满足的情况下作出的情绪反应。这里有很重要的一点，希望大家牢记在心，那就是——孤独是一种情绪。因为人们总会将它与其他现象，特别是"独处"相混淆。无论是从逻辑性还是经验性的角度看，"孤独"和"独处"都是相互独立的。我们可以把"孤独"视为"社交退缩"的表现——它是一种令人不适的感觉，表明社交需求尚未得到满足。此外，我们还可以将"孤独"视作某种"社交痛苦"。它与肉体上的痛楚息息相关,因为二者遵循着同一条神经通路[20]。与肉体上的痛楚相比,"社交痛苦"是断绝社交来往后带来的心理痛苦。我们还发现,很多性格特征与孤独密切相关,正是它们的存在,让(某些人)与他人的交往变得更加困难,进而导致孤独滋生。因此,孤独有"自我强化"的倾向。

孤独的哲学

孤独是一门关于"反应"的学科,因为它来自我们的亲身体验。不过,这种体验有时未必可靠,比如在讨论"导致孤独产生的因素"时就是如此。我们不仅无法根据自身感受推断他人体验,甚至连自身感受都很难充分掌握。如果我们想准确形容某种感受,而非简单说说,就需要反复自省。因此,我们必须通过大量的社会学、心理学、神经系统科学数据,来审视该领域的诸多研究[21]。近年来,在其他学科领域的研究中,有不少关于"孤独"的发现,它们纠正了过去人们对孤独的错误认识。当我们从哲学角度探寻孤独时,必须将这些发现考虑在内。因此,本书不仅包含大量的实验结论,还有一些结合哲学研究的概念分析。

也许有人会问:"为什么这本书叫《孤独的哲学》?是什么让它成了哲学类书籍?"最准确的答案可能是,这书本就是哲学家所写,它还吸收了诸多哲学家的研究成果。不过,"哲学"与"非哲学"的区别,其实并没有多明显。过去10~15年间,很多哲学学科都吸收了经验科学的见解。考虑到20世纪哲学整体局限于逻辑和概念分析,这是个令人震惊的事实。但如果我们审视哲学史,会发现哲学与经验科学的"联姻"是水到渠成的——顺带一提,哲学与科学间的区别也是最近才产生的——这一转折可视作传统哲学模式的回归,而非对哲学的背离。

本书共分8章。在第一章中,我们借助很多心理学及社会学实例解释了孤独这一概念,还澄清了一些事实——比如"独处"和"孤独"的区别——并概括性地介绍了孤独的不同类型。我们发现,将"独处"和"孤独"从根本上区分开来的,是某种情感因素。为了更好地阐述这一观点,在第二章中,我们简短地探讨了情绪的本质,进而强调了"孤独是一种情绪"。在第三章中,我们会近距离研究孤独者们,以及各种让孤独感加深的因素。由此,在解释个体孤独,以及孤独在各国传播状况的不同时,我们发现信任的缺失可能是最为重要的因素。因此,第四章的主题自然就是"信任"了。到此,我们会产生这样一个疑问:孤独是否是爱和友情的反面?为了更好地理解孤独,我们将在第五章讨论一下,友情和爱情在生活中的地位。在这一章中,孤独会让我们理解,为什么它能使生活变得更有意义、更快乐。然而,很多以"孤独"为主题的文学作品,都认为导致孤独的元凶是现代个人主义。那么,在第六章中,我们就来详细分析现代个人主义。思考一下,我们究竟在与什么样的物种相处,他/她又是否为孤独所困。延续前文,第七章探讨了"'独处'是孤独的积极形态"。此外,如今我们面对的主要问题,并非孤独的甚嚣尘上,而是独处的机会太少。因此,在全书最后我们会提出:"管理孤独情绪,世间众人有责。"

第一章　**孤独的本质**

如今，我抱持的信念只剩下一种：孤独远没有变得稀罕与特殊，但对我和其他一些孤独者来说，它是独有之物。孤独是人类存在于世都要面对的问题，不可避免。当我们审视世间众人的经历、行为、思考时——大街上，人流与我擦身而过，无数咒骂、侮辱、蔑视、怀疑、嘲讽之语不绝于耳，仿佛永不消散。它们诠释了伟大诗作讲述的悲伤与狂喜，以及平凡灵魂承受的不幸——我们意识到，他们都罹患同一种病症。而导致这一病症产生的终极原因，就是孤独。

《远山》（*The Hills Beyond*）

（美）托马斯·沃尔夫

"孤独"的定义有很多，它们有着一些共同点：悲伤或痛苦的感觉；只身一人的感觉；缺乏交际的体验；等等。大多数关于孤独的定义，都是上述基本特征的变形。然而，这些定义却有漏洞：情绪究竟是由内因还是外因产生的；它究竟源于人自身，还是受他/她生活环境影响的产物。像挪威公共医疗机构那样，把孤独定义为缺少社会支持，无疑是错误的。原因很简单，有很多人得到了足够的社会支持，但仍罹患长期孤独[1]。而另一些人得到的社会支持少得可怜，却没有被孤独折磨。从统计关系上看，社会支持和孤独之间的确存在某种关系，但它们并没有必然联系。因此，在给孤独下定义时，必须要依据主观体验，而非"缺乏社会支持"这样的客观因素。

"孤独"与"独处"

据记载，英语中首次出现"孤独"（Lonely）一词，是在威廉·莎士比亚的《科利奥兰纳斯》（*Coriolanus*）中，用以形容"全然一人"的状态。这一形容会引导我们这样想："孤独"和"独处"是同义词。这种想法可以引申为"孤独者大多独处，经常独处的人会更孤独"。但我们应该明白，从逻辑性和经验性的角度讲，"孤独"和"独处"是相互独立的。它们之间的区别，并不在于你究竟与多少人（或动物）交往，而是社交带给你怎样的感受。

从感知世界的角度看，我们都是孤身一人。比如说，当你在听讲座时，虽置身于上百人之中，但注意力全在演讲的内容上，这就是某种意义上的"独处"。再比如，在大型音乐会上，你身边有上千名听众，但你始终独自欣赏着演奏，这也是某种意义上的"独处"。所以，上述两类"独处"，均由你自身感受所决定。

我们会分析他人的反应，然后用言语表达自身感受；我们会用肢体语言表达对一场演讲或演奏会的感受——然而，我们的感受中总有些私密部分，是不能向他人和盘托出的，痛苦就是其中之一。倘若痛苦足够强大，它便能摧毁一个人的内心世界以及语言能力。可以说，痛苦将言语碾为齑粉[2]。人们常说"有什么令我痛苦"，可若是太过痛苦，他便连这句话也说不出了。简言之，巨大的痛苦是无法传递给他人的，因为当痛苦太过膨胀，直至相当于整个世界，那就再也容不下他物了——我们也能在某种程度上感知它，比如，当我们意识到他人身陷痛苦之中，同样会感同身受。不过，他人承受的痛苦，和你感同身受之下的痛苦，有着明显区别。这表明自我与他人间存在着难以逾越的鸿沟。

从某种意义上讲，我们都是孤身一人。在 T.S. 艾略特❶的《鸡尾酒会》(*The Cocktail Party*)里，当西莉亚的恋人爱德华决定回到妻子身边时，这种感觉闪现于西莉亚的脑海。她说，分手不仅让她在那一瞬变为孤身一人，还让她意识到，自己始终是孤家寡人，未来亦会如此。西莉亚的思考不仅针对她与爱德华的关系，也包括了我们每一个人：人类都是独自一人。他们借模仿发声、交往，总认为自己能与他人交流，可以很好地理解对方。但事实上，这些不过是幻觉而已[3]。虽然西莉亚一直用的是"孤身一人"，但她所形容的无疑是"孤独"，是一种被迫切断与他人连接的痛苦。西莉亚

---

❶ T.S. 艾略特：英国诗人、剧作家、文学批评家。他的诗作不拘泥于传统诗歌的结构和语言表现形式，强调"想象的秩序和逻辑"，令读者忘记语言的局限，凭想象与作者产生共鸣。因此，他被视为现代派诗人的代表。1948 年，他凭借《四个四重奏》斩获诺贝尔文学奖。

有一点说得很对，无论生、老、病、死，我们确实都是独自一人。所有人的自我中，都有某个部分是孤独的，它让我们意识到自己与他人隔绝开来的事实。

此外，有些人会感受到"形而上学的孤独"。他们坚信，所有人注定身陷永恒的孤独，并切断与他人的连接，因为在这个世界上，我们终究是孤身一人[4]。"认知孤独"是它的一个变种：倘若某人既无法与他人交流，也无法理解对方，那么他自然无法被他人理解，便会陷入"认知孤独"中。伯特兰·罗素❶曾在自传中解读了这两种孤独：

每个或多或少看透生活的人，必然会在某些时刻，对他人背负的孤独感同身受。拥有相同孤独感的灵魂，会构建一种不同寻常的全新连接。随之茁壮成长的同情是如此温暖，几乎弥补了孤独造成的损失[5]。

可以看出，让罗素寻找到"足以战胜孤独的灵魂连接"的，恰恰是"每个人都是孤独的"这一形而上学观点，这无疑是十分矛盾的。所以，类似的体验与思考，关注的可不只"孤独"这么简单。

---

❶ 伯特兰·罗素：英国哲学家、数学家、逻辑学家、历史学家、文学家。罗素博闻多识，研究范围广泛，在多个领域都取得了非凡的成就。在哲学上，他提出了外在关系说，建立了逻辑原子论；在逻辑学上，他提出了"罗素悖论"，与恩师怀特海撰写的《数学原理》被认为是现代逻辑学的基础。1950年，为了表彰罗素为人道主义和思想自由撰写的诸多作品，瑞典文学院授予他诺贝尔文学奖。其主要作品有《西方哲学史》《哲学问题》《数学原理》等。

从本质上讲,"独处"更像是一个数理名词,它只是从客观上形容了"孤身一人"的状态,并没有评价这一状态是"积极"还是"消极"的。若是考虑语境,看似客观的"独处",也可以被"主观"赋予不同的意义。比如,当一个人说出"我现在一个人了",他可能处于"沮丧"或"乐观"的情绪之中。相反,"孤独"始终是主观的。大多数情况下,"孤独"都用来表示负面情感,但人们也可能会说"喜欢一个人待着"。总而言之,"孤独"一词包含了某种情绪维度,而"独处"不一定有这种维度。

根据独处者与他人之间关系的不同,我们可以将"独处"分为多种形式。比如,我们可以走进大自然的怀抱,从而与他人断绝联系,达到孤身一人的状态。当然,"独处"还有一种约定俗成的形态,那就是"私生活的权利"。"私生活"建立在社会群体完整的基础之上,哪怕有人离开也是一样,因为对其他人来说,这个群体仍旧完整。而对离开的人来说,由于与整个社会群体分割,社交的渴望得不到满足,他只得"独处"。

通常,有些人终其一生都孤身一人,但从未感受到孤独;有些人尽管与家人和朋友共享了大多数时光,却仍有莫名的孤独之感。普通人大概有 80% 的时间与他人在一起,但同样可能认为自己孤独[6]。我们可以对各种调查的结果进行筛选,选出那些回答"有时孤独"和"经常孤独"的人。能够预见的是,这部分人与他人相处的时间,应该和那些回答"从未孤独过"的人差不多[7]。还有,一位研究者详细分析了400余篇关于孤独体验的文献,他发现,物理隔离的程度和孤独感的强度并没有什么关系[8]。所以,对一个人来说,与多少人交际和孤独感的强度并无关联。而且,还有这样一种现象:最为强烈的孤独感产生于被众人簇拥之时。综上所述,无论在逻辑性还是经验性上,"孤独"与"独处"都是相互独立的。

很多新闻报道详细解读了孤独感,进而得出结论:它们通常出现在假日前后。这个结论不免让人觉得:"这些人之所以孤独,是因为他们孤身一人。"诚然,这看起来挺合逻辑。特别是在讨论孤寡老人时,导致他们孤独的"元凶",似乎已明确是"独处"了。不过,要得出"独处的孤独者之所以孤独,是因为他们孤身一人"的结论,现在尚为时过早。比如,倘若颠倒因果关系,该命题仍然成立。我们将会看到,孤独者身上的某些性格特征,会使其与他人的交往变得更加困难。因此,判断一个人是否孤独,不能以他究竟与多少人交际为依据,而是要看这些交际能否满足他的社交渴望[9]。换句话说,在他们眼中,这些社会交际是否有意义可言。孤独是一种主观现象,产生于交际渴望难以得到满足之时。导致孤独产生的原因有二:一是主体的交际对象实在太少,二是主体渴求的关系太过亲密,现在的交际状况无法使其感到满足。

为了更好地解释社交孤立和孤独之间的依存关系，研究人员为孤独设计了一种名为"认知差异"的模型[10]。根据这一理论，个体会仔细评估自己与他人的交际，进而设定某种内在标准或预期。如果交往达到标准，个体便会满足，自然就不感到孤独；相反，如果交往达不到标准，个体就会感到孤独。但与此同时，很多研究又有了惊人的发现：如果一个人的朋友比他预想中多，他陷入孤独的概率居然更高[11]。

有这样一种社交网络，能够最大限度地抵御孤独的侵袭。在这种社交网络中，一个人只有四位最为亲密的挚友。至于其他的人际关系，仅会使这种抵御稍微加固[12]。如果一个人的人际关系多种多样：既有家人，也有朋友；和某些人关系亲密，和另一些人稍微疏远，他陷入孤独的概率会降低。曾经有人做过调查：你是希望有少数亲密挚友，还是很多普通朋友？结果，大多数人毫不犹豫地选择了"少数亲密挚友"[13]。可见，对于社交网络来说，质量要比数量更重要。不过，在其他条件都相同的情况下，社交网络小的人要比大的人更孤独。

有种关于孤独的社会认知理论提出：人们对社交威胁的愈发敏感，导致了孤独的滋生[14]。也就是说，孤独者由于害怕缺少社交，就会在与他人交往的过程中，刻意寻找"关系破裂"的标志。这不仅会逐渐摧毁他们辛苦构建的社交网络，还会让孤独强化。多说一点，倘若人们有了被拒绝的经历，那么社会拒绝便会让他们对"拒绝"更加敏感。在交往中，他们会更加注意寻找"拒绝"的标志。由于太过谨小慎微，不再自然随性的他们，更容易被他人拒绝。在第三章中，我们会重点审视支撑上述社会认知理论的经验性证据。

孤独和生命的意义

长期孤独与实验诱导下的社会孤立,更容易让人感觉到生命没有意义——这是不争的事实[15]。当然,我们可以通过多种方法来研究生命的意义,但无论选择哪一种,你都会得出相同的结论:在每个人的生命中,自己和他人的关系起着非常重要的作用[16]。倘若没有这些关系,人这一存在将会崩毁。对此,威廉·詹姆斯❶有着极为精准的观察:

最为残忍的酷刑,绝不是对肉体的极致折磨,而是将犯人放归社会,却让所有人完全无视他的存在。想想吧,当我们进入社交场所时,人们连看都不看我们一眼;当我们说话时,人们连答应都懒得答应,或对我们在做什么漠不关心;见到我们的人都当我们"已经死了",就像我们压根不存在一样。那么用不了多久,愤怒交织着无能为力的绝望,就会从心底喷涌而出。相较之下,最严酷的肉体刑罚简直是种宽慰,因为再怎么痛苦,都是我们与别人交流产生的困境,我们无须背负"被人熟视无睹"这一难以承受之痛[17]。

---

❶ 威廉·詹姆斯:美国心理学家、哲学家。因其为首位美国本土心理学家及哲学家,被誉为"美国心理学之父"。提倡实用主义的他,为科学心理学搭建了完整体系。其耗时14年的心血之作《心理学原理》讲述了他对心理学的认知。其后,该书被改编为《心理学简编》,成为美国大学广泛使用的心理学教材。

倘若生活在这样一个社会——那里，一个人的存在与否，与他人全然无关，想必你无法忍受。陀思妥耶夫斯基❶在《地下室手记》中曾写道："那时我只有24岁。即使在这般美好年华，我的生命也灰暗异常，且饱受病痛折磨。我如同野蛮人般孤独，没有一个朋友，只能将自我埋得越来越深。"[18]他觉得同事们总是用厌恶的眼神看着他，而他回应的视线里，充满恐惧与轻蔑。然而，尽管刻意保持着与他人的距离，但他仍渴望受到关注。为了让他人注意到自己，他开始了单纯的抗争。

索伦·奥贝·克尔凯郭尔❷曾明确指出：自我是一种个体关系，但同时也会与其他个体的自我产生关系[19]。我们总会考虑他人的看法，以及他人如何看待自己。我们会发现，来自他人的评判通常会很有意义。因此，失去他人关注将会摧毁"自我间的关系"。本质上讲，人类都是社会存在，这毋庸置疑。对主观幸福感的研究表明，比起财富和名誉，一位人生伴侣及数位挚友对人的影响要更大。所以我们可以看到，社会隔离对我们的身心都有着极为负面的影响。长久以来，人们都将被社会

---

❶ 陀思妥耶夫斯基：俄国著名作家。他的作品多以当时俄国黑暗且混乱的社会为背景，描写社会底层人物的堕落、困苦与艰难。他喜欢诠释多重人格者的心理状态，展现灵魂深处的风景。其作品《卡拉马佐夫兄弟》《罪与罚》《白痴》均为传世之作。

❷ 索伦·奥贝·克尔凯郭尔：丹麦哲学家、神学家、作家。因其建立了现代存在主义哲学，被誉为"存在主义之父"。与当时的传统哲学思想不同，克尔凯郭尔强调个体的独立性和重要性，反对怀疑论和宿命论，认为存在先于本质。其著有《非此即彼》《恐惧与战栗》等作品。

第一章 孤独的本质

抛弃视作最为严酷的刑罚之一。古时候，人们甚至认为它与死刑同等严酷。时至今日，监狱中的很多犯人仍认为，被孤立实在是种可怖的刑罚。

亚当·斯密❶曾用文字详细解读了孤独究竟有多可怕，以此推动人们与他人交往，哪怕他们害羞到踏不出一步，哪怕他们想马上从品头论足的目光中逃开[20]。他强调，于孤独中成长的人，将永远无法认清自己[21]。不仅如此，他们甚至会对自我产生错误认识——或是过高地看待自己的善举，或是过重地看待承受的伤害[22]。所以我们需要他人关注的目光。英国启蒙哲学始终在强调孤独的阴暗面和消极面。沙夫茨伯里伯爵三世❷ 安东尼·阿什利·库珀在文章中写到，比起其他物种，人类更加难以忍受孤独[23]。艾德蒙得·伯克❸认为，人们所能想象的最为强烈的痛苦，莫过于全然孤独[24]。因为在孤独中度过一生，完全背离了我们的人生目标。约翰·洛

---

❶ 亚当·斯密：英国经济学家、哲学家、作家，有"古典经济学之父"之称。斯密倡导经济自由主义，认为是市场机制在推动近代经济发展。其著有《国富论》《道德情操论》等作品。

❷ 沙夫茨伯里伯爵三世：英国著名哲学家，在18～19世纪的欧洲思潮中，作出了不可磨灭的贡献。他认为人是为了遵从秩序与和谐存在，其哲学的终极目标是帮助人们过上更好的生活。

❸ 艾德蒙得·伯克：爱尔兰政治家、哲学家，现代保守主义的奠基人。他支持美国独立，推崇自由市场体制，反对法国大革命中的激进革命思想。其著有《对法国大革命的反思》等作品。

克❶明确地将孤独定义为"非正常的人类状态"。上帝之所以将人造成这种模样,就是要强迫他们融入同类的圈子之中[25]。另外,孤独是种十分危险的情绪,因为人们在深陷孤独时,内心很容易被情绪所左右[26]。对此,戴维·休谟❷有着相似的看法:

也许对我们来说,最完美的独处,恰恰是最重的刑罚。当你享受远离人群的独处时光,每种喜悦都会渐渐枯萎,而每种痛苦却会愈加严酷且难以忍受。骄傲、雄心、贪婪、好奇、报复、淫欲……它们的灵魂和根源,莫过于对他人的情感。倘若没有情感,那它们将不再具有任何驱动力。有这样一个人,自然之力与万千元素听命于他,日出日落受他安排。他高兴,江河便为之涌动;他寻求,土地便立刻献上。然而,除非你为他找来一名同伴,与他分享统治万物的快乐,沉浸在尊重和友谊营造的喜悦中,否则,他依然是痛苦的[27]。

综上所述,在休谟看来,这种备受宗教思想家推崇的孤独是全然不正常的[28]。

很多人从进化论的角度解释了孤独,以此证明人类进化

---

❶ 约翰·洛克:英国哲学家、启蒙思想家,被誉为"自由主义之父"。他对自我存在及感受的认识,影响了卢梭、康德等作家与哲学家。其著有《人类理解论》《政府论》等作品。

❷ 戴维·休谟:苏格兰哲学家、历史学家,西方哲学史上的重要哲学家之一。休谟的哲学偏向于怀疑主义,对上帝的存在持不可知的态度,对因果关系充满怀疑。其著有《人性论》《大不列颠史》等作品。

为群居动物这一事实[29]。毋庸置疑的是，很多基于进化的解读，出色地阐述了人类为何会进化为群居动物。比如，群居可以让个体更好地抵御捕食者的侵袭，还能与他人共享资源。然而，这些理由虽令人信服，但它们同样可以用来解释独居的原因。比如，独居可以更好地隐藏自己，以不被捕食者发现；独居虽无法与他人共享资源，但也不会让自己身陷森严的等级制度之中[30]。我们还发现，有些物种的族群意识要比其他物种更强，族群的团结程度也更高。比如，比起其他种类的猩猩，黑猩猩的群居程度更高。尽管从生物学视角看，人类寻求加入社会群体是"自然而然"的事，但这并不意味着，渴望独处或长时间孤身一人是"不自然"的，它们带给人的影响也不绝对是负面的。这完全取决于个体究竟是如何陷入独处状态的。

对大多数人来说，与少数人的亲密联系，便是生命的绝大部分意义所在。当我们失去某个至爱亲朋时，我们存在于世的意义，大多随之消散。不幸的是，只有在失去他们时，我们才会发现，人生意义与这种深厚感情间，有着怎样紧密的联系。正如约翰·鲍比❶写到的那样：

与他人的亲密关系位于中心，每个人的生活都围绕着

---

❶ 约翰·鲍比：英国著名心理学家、精神病学家、精神分析学家，因提出依恋理论而为人所熟知。所谓"依恋理论"，即：在个体诞生后的数年间，主要养育者至关重要。倘若没有养育者，或是养育者不固定，那么他很难茁壮成长甚至生存于世。

它公转。这种情况不只存在于婴儿蹒跚学步抑或学生时代，同样会陪伴人们度过青春期以及成年时，直至步入老年。与他人的亲密关系，会让他们汲取生命的力量与生活的乐趣[31]……

比起平常的鲍比，这次他可能太过绝对了。因为有些人的生活并非围绕与他人的亲密关系公转——比如，某些研究者终其一生，只为了某个课题存在；某些音乐家与乐器"交往"的时间，要比和他人长得多——但对大多数人来说，鲍比的结论是准确的。这也就是当我们无法建立或维持与他人的关系时，会变得无比痛苦的原因所在。

孤独的形态

我们来讨论一下长期性孤独、情境性孤独和暂时性孤独间的区别[32]。正如其名，长期性孤独是指在长时间无法满足社交需求的情况下，个体承受的持续性痛苦。情境性孤独多由生活变化引起，如挚友或家人离世、甜蜜爱情终结、孩子们离家生活的那一天，等等。罗兰·巴特❶在《哀悼日记》（Mourning Diary）中记录了他对这种痛苦的简单理解——在陪伴他一生的母亲离世之后，他这般自白：

在这寒冷的冬夜，我孤身一人，却如此温暖。我意识到，接下来的日子里，独处将变得习以为常。在工作时，在生活中，陪伴我的将只有挥之不去的"母亲已逝"之感[33]。

无论我们身处多人派对，还是独自在家，暂时性孤独每时每刻都可能袭来。情境性孤独要比长期性孤独给人的感受更强烈。这是由于情境性孤独产生于生活巨变之下，它会营造出"失去感"。然而，由于情境性孤独常产生于特定情境——比如死亡或离婚——我们会发现，比起长期性孤独，

---

❶ 罗兰·巴特：法国作家、思想家、社会学家、社会评论家和文学评论家。作为符号学的大师，巴特认为符号学是语言学的组成部分，率先将符号学应用到视觉传播领域，并出版了《符号学基础》《S/Z》等作品。身为作家，巴特不拘一格的思想，使他创作了一批风格迥异的作品，如《恋人絮语》等。

人们只要去寻找新的羁绊，也许就会战胜情境性孤独。但是，情境性孤独营造的"失去感"可能太过强烈，致使我们难以向他人迈出一步。举个文学领域的例子，便是村上春树❶笔下的多崎作。在《没有色彩的多崎作和他的巡礼之年》中，多崎作仅有的四位挚友突然告诉他，他们再不想见到他，也不愿和他说话[34]。正是这种经历，给多崎作的余生和人际关系（与自我以及他人的）定了型，而他再也无法真正与他人交往。

我们还发现，情境性孤独多由外因所致。相对地，长期性孤独似乎扎根于自我之中，因为外部环境变化对它的影响极小。因此，通过分析引发孤独感的究竟是个体本身，还是个体所处环境，我们或许能将孤独分为内生性孤独和外生性孤独两类。当然，想要确定某种孤独感究竟是内生还是外生，其实是比较困难的。原因很简单，因为孤独是一种涉及主、客体双方的现象，主体对交际的渴望始终得不到满足。不过，这种区分方式也有一定的合理性。比如，如果对某人来说，无论身处何种环境，甚至拥有深爱他的家人和牢固的社交网络，他／她的一生仍饱受孤独困扰，那么我们可以推测，导

---

❶ 村上春树：日本当代作家。早期作品以表现年轻人精神迷失和寻觅为核心，后期则偏向于对社会和历史问题的解构。其作品常采用模糊虚幻与现实界限的结构，主角也多为游离于主流群体之外的人。他著有《挪威的森林》《世界尽头与冷酷仙境》《国境以南 太阳以西》《奇鸟行状录》《斯普特尼克恋人》等经典之作。

致他孤独的原因来自内部。另外，倘若某人从未有过孤独问题，但在遭受了某种社会排斥，比如霸凌之后，却陷入了孤独的泥淖，那导致他孤独的原因应来自外部。不过，在大多数情况下，孤独之所以出现，既有内部原因，也有外部原因。一旦我们试图分析，外因或内因，性格或环境，谁才是预测力更强的变量，就会发现在解释孤独相关问题时，这两方面都得考虑到[35]。

社会学家罗伯特·S.韦斯将孤独分为社交型和情绪型两类[36]。社交型孤独可被视作缺乏社会融入感的表现，以及渴望融入社群而不得。相对地，情绪型孤独源自想要与某个对象更加亲近，可关系却无法更进一步。根据韦斯所言，这两种孤独有着显著区别，性质截然不同。人们也许只会罹患其中一种，抑或使其中一种得到缓解。比如，他/她能在社群中找到自己的一席之地，但仍会背负情绪型孤独；他/她可以通过努力，变得与某个特定对象更加亲密，但依旧为社交型孤独所困[37]。如果某人的搭档或配偶突然离开一段时间，情绪型孤独会让他觉得，自己与对方不再亲近，哪怕是打电话和写邮件，都难以弥合这破裂的关系。进一步讲，和朋友共赴电影院或音乐会，可以在很大程度上满足社交需求，但依然会让你在心爱之人离开时痛苦不堪，毕竟朋友无法取代"特殊之人"。俗话说得好："小别胜新婚。"分别可以让我们在与重要之人交往时更加愉悦。然而，查理·布朗❶还给这句话补上了后半句：小别胜新婚，却为孤独困。

　　孤独的你可能会想起某个人，进而以一种独特的方式，思考你与他之间的关系。不过，倘若他伴你左右，你可就做不到了。孤独为我们提供了审视与他人关系的空间，由此我们就会意识到交际的重要性。在当今的同居乃至婚姻生活中，你与伴侣间过于亲密的关系，会逐渐取代你的其他人际关系。因此，即便你对亲密情感的需求得到了满足，仍然可能罹患社交孤独。相似地，孩子既需要同龄的玩伴，也渴求关心自己的父母。如果某个孩子失去了其中之一，那无疑等同于一种剥夺。如果一个孩子在学校里被孤立，体贴的父母可以帮他改善这一困境。不过，再体贴的父母，也无法取代他的同龄玩伴。相对地，再优秀的同龄密友，也无法取代父母在情感上的照顾[38]。同时，受这两种孤独折磨的人，分属不同的年龄层：社交型孤独患者多为年轻人，而情感型孤独患者多为年长者[39]。不过我们还是得强调一下，社交型孤独和情感型孤独常常同时出现。

---

❶ 查理·布朗：查尔斯·舒尔茨创作的漫画《花生漫画》的主人公。该作品讲述了查理·布朗和史努比的日常生活。

孤独与健康

大众媒体经常将孤独形容为一种"公害病"或"公共健康问题"。然而，孤独其实并不是病，它只是一种常见的人类现象。比起饿肚子的痛苦，孤独带来的痛苦并不会更严重。但是，孤独会显著提升你身心的患病概率。孤独者消耗的公共医疗服务资源远比不孤独的人多。关于孤独与健康关系的研究有很多[40]。有人对148项此类研究进行了分析整合，研究报告显示，尽管由于统计方法的原因，自杀死亡的人并未计算在内，但孤独仍堪称死亡率的强预测因子[41]。孤独带来的死亡风险，堪比一天抽10～15根烟，甚至比肥胖或缺乏锻炼更高。孤独会影响血压和免疫系统，还会引发体内应激激素飙升[42]。同时，它还会使人更易罹患阿尔茨海默症，并逐渐削弱你的认知能力，甚至让你加速衰老[43]。孤独者的睡眠时间与普通人无异，但他们不仅睡眠质量低，醒来的次数也更多[44]。前文说过，与每况愈下的身心健康密切相关的，可不是社会支持的真实数量，而是主观孤独感[45]。由此，如果我们想要研究是什么导致了健康问题，主观社交孤立（人们承受的孤独感）是比客观社交孤立（独处这一事实）更为准确的变量。

孤独并不是一种精神疾病，也绝不该成为其中之一。比如，有位孤独者始终无法真正与某人建立连接，长时间受这种痛苦折磨的他，会认为自己与每个人的关系都不够亲密。然而，这种孤独并非病态，一如不能把所有羞怯都视作社会焦虑。笔者不会从精神疾病（比如社会焦虑，或荣格学派如何区分内向与外向性格[46]）的角度讨论孤独。笔者会简要说明，程度较高的孤独几乎达到了抑郁症的标准。但我们很快会发现，在这种情况下，很难判断谁是因，谁是果，抑或它们间是否真的存在因果关系。不过，孤独常被视作抑郁症的症状之一，但抑郁不是孤独的典型症状[47]。最终，这个问题只会有两种情况：对一个人来说，他有可能孤独却不抑郁，也可能抑郁却不孤独。但是，孤独与自杀间有着非常紧密的联系[48]。

在日常生活中，孤独似乎会对我们的行为造成影响。心理学家罗伊·F. 鲍迈斯特❶和琼·特文吉曾做过多个实验，以此来探索社会排斥感对人的影响[49]。其中一个实验是这样的：找一些学生组成小组，让他们在15分钟内熟悉彼此。之后将学生们单独分开，问他们"你最愿意与哪两个人一起工作"，并记下名字。最终，他们将这些学

---

❶ 罗伊·F. 鲍迈斯特：美国佛罗里达州立大学社会心理学研究生项目主任，在研究自我的领域深耕，主要关注感觉和行为产生的原因。

生分成两组，告知其中一组"所有人都选了你"，而对另一组说"没人选你们"。另一个实验则是，先对一些学生进行性格测试，然后将学生们随机分成三组：告诉第一组学生，他们将会拥有良好的人际关系、亲密的伙伴和美满的家庭；对第二组学生说，他们注定孤独一生；作为控制组的第三组学生，则被告知生活将充满变数。当然，他们还做了一系列类似的实验。这些实验的核心问题是，在得知自己已经或将要遭受社会排斥后，学生们会受到怎样的影响。实验结果是：

（1）他们会变得更有侵略性，无论是对伤害过自己的人，还是其他人。

（2）他们会作出自毁性决定。

（3）在理性能力测试中，他们的表现很糟糕。

（4）较之以往，他们会更快地放弃艰难的工作。

对此，罗伊·鲍迈斯特和琼·特文吉给出了结论——社会排斥摧毁了人的自我调节能力。显然，在我们与他人的交往中，自我调节是重要组成部分之一。在交往过程中，我们与他人的关系一旦变得薄弱——哪怕只是感知到这种趋势——就会削弱我们的自我调节能力或意愿。还有证据表明，在工作中，不孤独的人比孤独者的表现要好[50]。

总的来说，孤独不该被视作某种疾病。人们会在偶然间产生孤独感，所以，孤独更像是情感防御系统的组成部分之一。此外，正如畏惧不是一种疾病，孤独也并非因疾病而起。不过，畏惧可能会按病理学的轨迹发展，变得太过强大，从而严重削弱人体的各种机能。孤独也可能走上同样的发展道路。在这种情况下，孤独无疑会对人的身心健康产生巨大的影响。

第二章　**孤独是一种情绪**

谁知道真正的孤独是什么呢？或许它并非是耳熟能详的词汇，而是赤裸裸的恐惧？孤独总戴着面具。最悲惨的流浪汉们，总会紧抱某些记忆或幻觉。有时，只是短短的一瞬间，不同事物间就会产生致命的结合，并倏忽揭开孤独的面纱。只举一例：没人能永远承受道德上的孤独，除非疯掉。

《在西方人眼中》（*Under Western Eyes*）
（英）约瑟夫·康拉德[1]

---

[1] 约瑟夫·康拉德：英国作家，出生于波兰。由于有着丰富的海上航行经历，擅长创作海洋冒险主题的小说。其著作有《水仙号上的黑水手》《黑暗的心》等。

第二章 孤独是一种情绪

  孤独既有情感层面，也有认知层面。它们间并非全然没有联系。原因在于，情感现象中往往包含认知层面，反之亦然。你感受到了什么，完全取决于你如何感受它；而你如何感受它，则完全取决于你感受到了什么。纵观研究孤独的领域，研究重点始终在情感层面和认知层面间摇摆不定。换句话说，在研究孤独时，我们到底该把它视作"社交需求未被满足的感觉"，还是"认知上的不一致，即理想社交与现实社交状况的不一致"？然而，若想彻底理解孤独这一现象，我们必须将这两种认识结合起来。孤独的情感层面，即真正的孤独感，会显著提升躯体及心理障碍出现的概率。正因如此，孤独的意义不再是"独自一人"这么简单。

什么是情绪

大多数关于情绪哲学及情绪心理学的书里,都没有讨论孤独的章节。多数情况下,孤独要么被排除在外,要么被一笔带过。但在这些作品里,"恐惧"却有着显著地位,"爱"和"愤怒"也是一样。为什么会这样呢?看来孤独终究是不重要的。但有没有这样一种可能,即作者不认为孤独是种情绪,而是个社会问题呢?就个人而言,笔者始终认为孤独是一种情绪,它反映了社交需求没有得到满足的事实。而让孤独之所以为孤独的——不同于"只身一人"及"缺少社会支持"——正是它的情感或情绪一面。

阿隆·本-泽耶夫❶在其著作《情绪的精妙》(The Subtlety of Emotions)中写道:我们难以清晰地分辨,日常用语中究竟有哪些词汇属于情绪。比如,我们不知道何种程度的惊讶、孤独和审美经验能被归为情绪,但大多数人认为,恐惧、愤怒和嫉妒就属于情绪[1]。本-泽耶夫认为,孤独是一种情绪,具体来说是悲伤的一种,源自社交渴望未能得到满足[2]。但我们得承认,比起其他情绪,本-泽耶夫并未对孤独进行广泛的研究,也没有发现多少有用的信息。

"感受"和"情绪"这两个概念,涵盖了为数众多的现象,其范围从痛苦、饥饿、口渴到嫉妒、羡慕、爱恋,从几

---

❶ 阿隆·本-泽耶夫:以色列海法大学哲学教授,情绪交叉学科研究中心主任。

近纯粹的心理学层面到认知层面。通常，我们认为"感受"更偏重于"肉体"，而"情绪"更偏重于"认知"。在英语中，"感受"（feeling）与"情绪"（emotion）也有着显著区别：前者多指"身体层面的感觉"，后者多指"精神层面的感觉"。不过，对于将"感受"和"情绪"的分界线画在何处，以及如何判断某种状态属于它们中的哪一个，学界有着巨大的分歧。笔者的意见是，不要强行区分；在形容某种状态时，以"情绪"为首选。如果我们以认知和生理作为左右两端建立横轴，那么孤独更偏向认知端而非生理端。但我们还发现，作为一种社交痛苦，孤独竟出现在肉体痛楚所在的神经通路上[3]。另外，在社交痛苦和肉体痛苦之间，存在着令人吃惊的联系[4]。有些研究在探讨这样一个难题：那些通常用来医治肉体疼痛的药，是否也能减轻社交痛苦。答案竟是：真的可以[5]（当然，这并不代表一天一片阿司匹林就能赶走孤独）。

从数学角度看，如果我们把情绪看作一个范畴，那么它一定不是齐次的，里面包含了诸多现象。假设 X 是种情绪，那我们能否找到 X 的完美定义，由此推出 X 的充分条件和必要条件呢？笔者对此深表怀疑。但有些人一直乐此不疲地试着解决这一问题，在这一过程中，有趣的理论层出不穷[6]。在情绪理论中，总会强调"情绪是一种主观现象"。通常，它们就像化合价般有着正负之分，也就是所谓的"积极"和"消极"。但与化合价不同的是，情绪没有中性可言。情绪总有与之对应的意向性客体,换句话说,它必与某人或某事有关。通常,情绪的持续时间很短,至于到底有多短,取决于其"化合价"的改变。孤独具有上述所有特征,不过它的持续时间很长,且表现为慢性型。相对地,慢性疼痛有很多种表现:人们可能会陷入饥饿与干渴许久;也会长时间忍受羡慕、嫉妒与爱恋的折磨。正因如此,定义情绪的重要标准之一——"持续时间较短",就很值得怀疑了。当然,它可能只是部分情绪的特征而已。

另一个颇具争议的话题是:是否存在一系列的基本情绪,所谓"基本情绪",即非后天习得而是与生俱来的情绪,对各种文化背景下的人来说都是如此[7]。究其本质,这种想法是合理的。然而,对于"基本情绪究竟有多少种,它们又都是什么",争论始终不休。人们主要提及的,是愤怒、畏惧、高兴、厌恶和惊讶等。但令人诧异的是,在这场争论中,"基本情绪"的候选者竟是如此之多。比如,人们曾对"你认为的基本情绪有哪些"展开调查,但没有任何一种情绪,能够出现在全部 14 张调查问卷之上[8]。进一步讲,我们也无法准确区分情绪的生理、心理和社会层面。无疑,每种情绪都具备生理基础,但它们的形态仍由个人感受和社会准则决定。每种情绪都经长期演变而来,是其与外界经验、个人经验累积的结果。因此,倘若我们想完全了解某种情绪,就必须将这三方面解释清楚。尽管情绪都在"无意识间"自发地出现,但它们也是由个人和社会创造的[9]。

有些情绪自我们出生之时起就陪伴我们左右，另一些则在后天生活中逐渐成长。那么，想确定人们在多大年纪第一次有孤独感，可不是件容易事。学前班适龄儿童已具备了表达孤独感的语言能力。但尚未获得必要语言能力的孩子呢？他们会有孤独感吗？这问题可复杂了。我们认为，通过观察小孩子的面部表情，我们就能确定他们的各种复杂情绪，比如羞愧和羡慕。但是，并没有什么表情是能准确表现孤独的。若是把一个很小的孩子独自留在家中，结果他放声大哭，这种情况又怎么样呢？我们可以认为这是他孤独的表现，但也可能说明他害怕了。我们可以确定的是：孤独感会出现在一个人的童年早期[10]，之后将伴随他的一生。

情绪的表达

正如查尔斯·泰勒❶所强调的那样，情绪的本质是表达。压根儿就没有什么"未经加工"的情绪[11]。因此，某人究竟处于怎样的情绪之中，并非总是那样显而易见。感受到同一种情绪的两人，很可能会用不同的方式来表达。比如，有个人可能很悲伤，原因是与某人的关系不够亲密，抑或两人间正逐渐疏远。缺少重要之人的他，便会用"孤独"形容自己。相对地，有人渴望得到一名挚友、一位爱侣，或是一个更好的社交群体，这种感情可称为"憧憬"而非"孤独"。有人的深爱之人不幸离世，即便后者已离开许久，但此人仍会将这种感情称为"悲戚"而非"孤独"——尽管他此时的感情已满足了"孤独"的所有标准。时至今日，我们尚不清楚各种情绪间的区别。当然，我们也许会期待它们间的界限能再清楚些，这样我们才可能一一给出它们的定义，并推出判断它们的充分必要条件，比如："当且仅当……X 是孤独。"但在现实中，并非所有现象都能如此定义。而且，当我们开始研究情绪，特别是

---

❶ 查尔斯·泰勒：加拿大哲学家，现任麦吉尔大学教授，著有《自我的来源》等作品。

孤独时，必须接受萦绕在它们周围的模糊之感。诚如亚里士多德所言："对人来说，何为受过教育的标志？那就是在研究每个领域时，都只追求研究对象之本质所允许的准确程度。"[12]

大多数时候，我们并不能确定自己处于哪种情绪状态之下。有些情绪实在太过羞耻，我们不愿意在人前承认感受到它的事实。通常，我们甚至都不愿在内心承认这一点。关于这一话题，我们将在第八章再次提及。作为一种情绪，孤独让我们知晓，你对当前的社交生活并不满意。当这一事实在社交活动中得到明显体现时，痛感只会愈加严重。孤独是一种我们想要隐藏起来的情绪，哪怕对我们自身也是一样。

另一个类似的例子便是嫉妒。当嫉妒于内心涌起时，人们会觉得自己是可鄙的。弗朗索瓦·德·拉罗什富科❶指出："我们常会为迸发的情感而骄傲，哪怕它们是最不道德的一类。但嫉妒太过令人羞愧，以致我们都难以鼓起勇气承认它的存在。"[13]对于人们的自我想象来说，嫉妒的破坏性实在太强。正因如此，人们时常会用另一种方式解

---

❶ 弗朗索瓦·德·拉罗什富科：17世纪法国作家。"投石党"叛乱的核心人物之一。他广泛涉猎文学，经常参加贵族间的文艺沙龙活动。他将自己的思想，以17世纪沙龙文化的代表——箴言编写成册，完成《箴言集》一书。这部作品堪称古典文学的代表之作。

释"嫉妒",比如劝自己说,对方完全值得自己如此憎恨。此外,我们自欺欺人的能力太强,这使我们对自身情绪的认识难言可靠。

当我们追溯过往时,会发现自己以前有过的很多情绪,如今都有了新的解读。比如,一场聚会结束,某人走在回家途中,回忆起聚会上的种种时,可能会觉得一切都很棒。然而现实则是,这聚会无聊到让他厌恶。当某人回忆起人生中的某个阶段时,他可能会想:"当时我觉得自己挺快乐的,但实际上一点都不。"同样地,另一人在回忆过往时是这样想的:"当时我太过孤独,却浑然不知。"对于将重点放在"孤独是一种情绪"的研究来说,上述认识制造了很大的困难。原因在于,如果你没有感受到某种情绪,那它就不存在。就目前的情况看,这无疑是事实。然而,人们可以先把某种情绪推到一旁。这样,在他们的意识里,这种情绪就不再处于中心位置,抑或是,人们可以把它解释或定义为其他事物。当一个人产生某种情绪时,他/她是否能够准确地识别它,目前尚没有准确答案。但是,如果我们想要确定"在时间点 t 上,人类 x 产生了 y 情绪",那么至少在回顾过往时,x 要能确认自己在 t 点感受到的 y 是种情绪。

若想走进孤独,必先感到孤独。"变得孤独"便意味着拥有某种确定情绪。这种情绪可被视作悲伤的一种。在没有真正进入孤独状态时，我可以认为自己是孤独的。但若非真正陷入孤独，我是不可能有孤独感的。而 X 的孤独程度，仅由 X 的情绪状态所决定，全然不受任何客观因素的影响，像是 X 是否被社会所孤立，是否有亲密的知己、友人、家人，等等。

情绪的作用

下面我们以孤独为例，仔细分析一下情绪的作用。在这一部分，"心境"这一概念会大有用处。我们很难界定"情绪"与"心境"的区别，因为它们间有着某种关联。"心境"要更普遍一些，它将世界视作一个整体。相对地，"情绪"常有一个或更多特定的意向性客体。通常，"心境"的持续时间要比"情绪"更长，但也有些"孤独感"比较特殊，比如某个亲密之人离你而去时，以及不确定对方是否真离你而去时，所产生的那种模糊的孤独感。但是，对于接下来要讨论的命题，即"孤独是否属于一种情感现象"，"心境"和"情绪"之间的区别并没有那么重要。所以，后文中笔者将混用"心境"和"情绪"这两个概念。

"情绪"会告诉我们现在的心情如何，而我们确实每时每刻都有情绪陪伴。如果有人问你"现在心情如何"，你总会给出答案，哪怕并不真诚。你的答案可能是：心情很好。"心情很好"意味着你处于某个情感状态之中，尽管它并非是想象中最有趣的情感状态之一。根据马丁·海德格尔❶所言，"情

---

❶ 马丁·海德格尔：德国哲学家，存在主义哲学的奠基人和代表人物之一。他的哲学以"存在"问题为核心，其著作《存在与时间》被视作现代存在主义的重要作品之一。海德格尔的哲学甚至影响了现代存在主义心理学的发展。

绪"与"心境"不是纯粹主观的。而且,"情绪"是我们走出自我的最有效方法[14]。与此同时,它还让我们与自我间构建了连接。诚然,"情绪"会为你打开通向"自我"和"外界"的大门。然而,正因"情绪"会让自我开放到如此程度,它很可能让认知变得模糊,无法分清情绪源自自我本身还是外部世界,从而使你对自我以及世界产生不充分的认识[15]。倘若没有"情绪",你将失去作出选择的理由。因为"情绪"的缺失便意味着"意义"的缺失。每种体验都有情绪陪伴。如果你试着去想象一种缺少情绪的体验,你一定无法理解它,因为它根本没有意义。

情绪揭示了我们与世界、他人乃至自我之间的关系。不同的情绪会带给我们不同的世界和自我。有些情绪,比如畏惧和无聊,会将世界推离你。相反,快乐会拉近你与世间万物的距离。然而,人们常常会忽略"情绪让自我与万物更亲近"这一事实。当你高兴时,你的注意力全在那些开心的事情而非"高兴"本身上;可当你无聊时,你与周遭事物之间的疏离感,只会让你关注"无聊"这一情绪。倘若你处于孤独之中,你的注意力也只会集中到其核心的缺失感上。有些情绪会提升你的社交能力,有些则会引发社会性退缩。孤独表明了人们对社交的渴望,但在实际生活中,它却更多地引发社会性退缩。

以孤独为世界观

孤独为我们打开了实验空间[16]。海德格尔总是在强调"黑暗"的心境,但他也会讨论其他一些心境,比如有所爱之人陪伴的狂喜[17]。"爱恋"这种心境,让我们所处的世界成为"爱恋发生之地"。这种狂喜不仅展现了我们所爱之人的"另一种美",也影响了整个世界——因为在你眼中,世间万物都沐浴在这道喜悦之光下。无疑,我们首次坠入爱河时眼中的世界,与这段感情终结后的世界,可谓"冰火两重天"。海德格尔并不认同"爱情使人盲目"这种说法,而是反复强调,当我们身陷爱情时,会看到尚未沉湎恋情时看不到的东西[18]。如果你的心境很糟,世界的某些部分就会对你关闭,有些事你就再也做不到,比如因他人的喜悦而快乐。因此,塞缪尔·贝克特❶的早期小说《梦中家人至庸女》(Dream of Fair to Middling Women)中,主角贝拉夸就符合此种情况——人们认为他承受着"超验性忧郁",而这种忧郁很可能是他感知世界的手段[19]。但在很多哲学文献中,独处均被视作沉思的专属空间。海德格

---

❶ 塞缪尔·贝克特:爱尔兰剧作家、小说家、诗人,在戏剧领域成就极高,是荒诞派戏剧的代表人物之一。1969年,他凭《等待戈多》获得诺贝尔文学奖。

尔在写下"独处是认识自我之路"时，已主观地将独处提升到了如此高度[20]。难道独处时的我们，真的比其他时候离真相更近吗？笔者真不这么认为。诚然，独处可能会带给你一些其他时候没有的新认识，但它同样会阻碍部分认识的产生。独处会给你另一个观察事物的角度，但它不一定比其他视角更真实。

情绪不仅伴随在我们与他人交往的过程中，还会对我们与他人相处有影响[21]。在孤独现象学中，这是重要因素之一。孤独者与他人交往的方式，和不孤独的人截然不同。可以说，这两类人所处的世界有着天壤之别。这是因为，在不同的心境之下，他们感知到的世界、彼此以及自身所处的位置，都会有巨大的反差。路德维希·维特根斯坦❶在1921年出版的著作《逻辑哲学论》(*Tractatus Logico-philosophicus*)中提道：快乐的人眼中的世界，和不快乐的人大相径庭[22]。这句话同样适用于孤独者的世界。孤独向你展示了现实中属于它的部分，描绘了一个满溢孤独的世界。然而，如果你愿意，就会发现这个世界还有其他部分，抑或在你身边，还有更多完全不同的世界。

---

❶ 路德维希·维特根斯坦：奥地利裔英国籍哲学家，20世纪最伟大的哲学家之一，语言哲学的奠基人。他的哲学以"语言"为核心，意在从语言中寻找哲学的本质。其著有《逻辑哲学论》《哲学研究》等著作。

因此，我们不能简单地把情绪视作单纯的主观现象，而应当成一种认知工具。它能告诉我们某些关于现实的事情。和我们观察现实所用的诸多工具类似，情绪也会让我们产生或正确或错误的认识。在特定环境中，我们究竟会有何感受，完全取决于我们如何理解这一环境。我们在第三章中将会看到，孤独者和非孤独者眼中的社会环境完全不同。孤独者会将社交场合视作威胁抑或充满风险的场所，其程度要比非孤独者高得多[23]。这会让孤独者以与他人不同的姿态进入社交场合，使得他们在寻求期望的交际时遭遇障碍。诚然，平息孤独感的"良药"无疑是人与人的交往，但畏惧会阻止它。社交恐惧直接破坏了我们与他人的交往，乃至摧毁整个社会关系网。当孤独者心怀畏惧地进入社交场合时，他会认为置身于此的自己，未来将会遭受痛苦和伤害。正如亚里士多德所写："有些人会在脑海中勾勒这样的画面——具有毁灭或痛苦之力的恶魔，正在未来等待。据此，我们可以将畏惧定义为一种痛苦或忧虑。"[24]显然，在社会环境中，心怀畏惧的人要比无忧无虑的人更为缄默，很难挥洒自如。这就是所谓的"主客混淆"。这一概念认为，某些人并没有区分内在情绪或认知与客观现实的能力。简而言之，他们只会根据内心感受作出判断，并相信自己的感受就是现实。比如，某人根据内心的不安全感，判断周围的人对他怀有敌意，哪怕事实并非如此。

有人认为，孤独者经常会对社交场合作出不充分的、情绪化的判断。然而，当孤独者置身社交场合之外时，可能会很客观。因为对孤独者来说，与他人的每次接触，都存在着被拒绝的可能性。然而，对被拒绝的恐惧，反而提高了孤独者被拒绝的概率。就像亚里士多德说的那样："何谓失去目标？惧错误之物，惧以错误之法，惧于错误之时，等等。"[25] 在这种情况下，倘若在实现某个目标的过程中，可能会有一定的风险，孤独者就会过分畏惧。只是，畏惧与承担风险之间并没有什么逻辑关系。

正如前文提到的那样，孤独是某种意义上的社会退缩，是某种不适感或痛感。它无时无刻不在告知我们：你的社交需求没有得到满足。在这种情况下，功能失调的特征便会出现。在某人的想象中，这种不满足将一直延续下去，即使自己已与他人交往甚深，成为社群的一部分，抑或拥有亲密挚友。最终他会认为，自己的要求实在太高，似乎永远都不可能得到满足。事实上，有些文献中提到过，长期为孤独所困的人对交往的预期，要比非孤独者高得多[26]。他们是社交完美主义者，在交际过程中，对自己和他人都有着更高的要求[27]。在第三章中，我们将详细讨论这一观点。而且，对于大多数受长期性孤独折磨的人来说，他们遇到的困难可能是：无论他们身处的社交环境如何——无论他们是否始终享受着朋友和家人的关怀——他们始终觉得孤独。他们对交际的期待实在太高，甚至连他们自己都意识不到这一点。无论他们所处的社交环境将发生何种变化，都解决不了他们的孤独问题。若想找到答案，我们必须去研究，孤独者如何与自己交往。

塑造感情生活

当你处于某种特定心境之下,世界在你眼中会对应形成一系列具体的领域[28]。总的来说,心境不同,你与整个世界、事物或他人的关系就不同。然而,情绪并不会因某种意志或行为而变化。正如海德格尔所说:"你不能像戴手套那样,随意控制情绪开关。"[29] 同时他还认为,我们应该试着控制自己的情绪,而非给出无数建议,只为告诉他人怎样控制才能成功[30]。在与情绪间的关系中,由于我们是被动一方,所以想获得这一控制方法就显得十分困难。在海德格尔看来,我们应该用某种方法,进入与孤独相对立的情绪之中[31]。那么问题来了,与孤独相对立的情绪究竟是什么?是归属感吗?归属感的确是孤独者所渴求的,也是他们无法得到的。因此,我们必须要"曲线救国",比如,学会依靠他人。我们将会看到,对他人的普遍不信任,正是孤独者最重要的标志之一。如果你学着去信任他人,不将他们的话语、表达和手势看得那么有攻击性,你就可以更快地和他人确定关系,从而培养出对社交更为有利的个人特质。

孤独者会将自己塑造成一种矛盾结合体:既害怕他人,又渴望与他人交往。同时,孤独者会创造出另一个自我,它以不同的方式融入社会之中。然而我们必须指出，没人能简单地获得或消除某种情绪。比如，孤独者无法祛除因缺乏社交产生的恐惧或痛苦。同时，我们可以间接地影响自身情绪。你总会与某种场合不期而遇，它可能会让你情绪高涨，却又带给你对拒绝的恐惧，以及随之而来的孤独。我们会带着某些情绪进入社交场合，而在社交过程中，某些情绪也会随之产生。所以，你拥有产生或抑制某种情绪的能力，这种能力虽然很有限，但它确实存在着。所有人都必须和情绪一起活下去，并塑造自己的性格特征。因此，我们应对自己的情绪负责，而这种责任的主客体都是同一个。我对自己负责。由于在能力范围内，我们对客体产生的情绪和认知或充分或不充分，所以我不仅要对自己的行为负责，也要对自己的感受与认知负责。情绪并非客观强加于你，而是自我塑造的产物，我们有主动管理它的责任。

在评估情绪反应时，我们可能会发现，在特定环境下，有些人的反应要么太过激，要么太冷淡。我们可能觉着，有人在面对悲剧时不够悲伤；有人对微不足道的"侮辱"太过愤怒；有人因过于嫉妒自己的恋人，把他／她的一言一行放到"怀疑"的放大镜下。在英国系列喜剧《小不列颠》❶

---

❶《小不列颠》：即 Little Britain，英国著名喜剧，充满对英国社会的讽刺。全剧主演只有两位，剧中其他角色均由这两人借由化妆等扮演。

（Little Britain）中，有个贵妇是极端的种族主义者。倘若她吃了一块蛋糕，之后有人告诉她，在她不知道的时候，这块蛋糕被与她肤色不同的人碰过，那么她会立马把它吐出来。即使这只是她的自发性情绪反应，我们还是要谴责她，因为她根本不该有这种感受。我们还可以责备她，质问她为何不改变对异肤色人种的看法。类似地，我们可以认为，某人对社会支持不足及随之而来的孤独感的抱怨，实际上是站不住脚的。原因在于，他理应得到的社会支持就只有这些而已。

　　通过改变评价方式，你可以改变自己的情绪。你既然可以改变行为习惯，同样也可以改变情绪。我们的所有情绪都处于持续调整状态。你的感受并非即时出现的选择，而是先天性格及后天养成共同铸就的产物，抑或随时间流逝出现的一系列选择的结果。你无须为孤独倾向的产生负责，但你有责任把它处理好。因此，从某种程度上讲，你要对自身的孤独负责。在第八章中，我们将会再次讨论这一主题。

第三章 谁是孤独者

孤独者倾向于孤独,因为他们不愿承担置身人群的精神成本。孤独者对他人过于敏感。对他们来说,他人的影响太过强烈。

《合众为一:电视与美国小说》(*E Unibus Pluram*:*Television and U.S.Fiction*)

(美)大卫·福斯特·华莱士❶

---

❶ 大卫·福斯特·华莱士:美国小说家,著有《无尽的玩笑》《系统的笤帚》等作品。纷繁复杂的长句以及繁复的脚注是他作品的标志。2008年9月12日,华莱士自缢于家中。

究竟谁才是孤独者？世间又有多少这样的人？

因为孤独与独处不同，前者是一种主观现象，无法基于客观标准量化。因此，人们必须使用主观标准，结果则完全取决于选择的标准为何。其实，最简单的方法莫过于直接问别人"你现在孤独吗？你以前孤独过吗？"然而，当我们打算区分"孤独"和"不孤独"时，会发现它们间的界限十分模糊。从某种角度讲，我们都是孤独的。但如果我们把孤独的概念放得如此之大，就不能找出哪些人受到的影响最为严重。另一方面，如果我们为孤独设定了极为严格的概念，符合这一标准的人数将极少，这会让我们低估孤独问题的严重性。

量化孤独

为了将孤独量化，人们已经做了一些研究。最为人所熟知的，是开始于 20 世纪 70 年代末、美国加州大学洛杉矶分校的研究人员制作的孤独量表。但是，这项研究有个重大缺点，那就是它的调查对象集中在年轻人以及美国学生上。对于它是否适用于其他人群，比如挪威退休者或中国儿童，就要打上一个大大的问号。此外，量表上问题的用词也非常模糊——受访者要回答他们"有时"还是"经常"会陷入彻底的孤独之中。那么，谁能告诉我"有时"和"经常"的区别是什么？想说明一个人的"有时"就是另一个人的"经常"，理由要多少有多少。因此，我们需要更为复杂的测试。具体例子有两个，一是德容·吉尔维德量表，二是成人情绪与社交孤独量表[1]。有些测试针对的是更为特殊的孤独，比如"存在主义孤独问卷"。另外还有一种测试，关注的是孤独的积极一面，它就是独处偏好量表。

---

[1] 成人情绪与社交孤独量表：即 Social and Emotional Loneliness Scale for Adults（SELSA），由肯尼斯·M. 克莱默等人编制。该量表共有 37 道题目，将孤独感划分为家庭、爱情、社交等维度，全方位地检测受访者的孤独状况。

我们正在研究的是一种主观现象，但是否能为它开发出精度更高的测量工具，现在还是未知数。当然，我们可以期待更为精确的检测方法，但如果现实状况不允许，我们只能一边考虑手头工具的极限，一边用它们来完成检测。同样地，所谓针对"孤独者人数"的调查结果，我们只能姑且听之，不能盲信。因为孤独者的数量，根本就不能用客观方法获取。在考虑孤独者人数的增减程度时，下结论一定要谨慎。因为调查问卷上的些微变化，都会对结果产生本质影响。

不过，我们关于孤独问题的思考，也只能基于这些调查得来的数据而已。那么，孤独究竟是怎样发展的？孤独者的人数有提升吗？结果有很多。有些研究结果支持上升，有些支持下降，但大多数还是认为变化很小。这些研究大多面向的是老年人，以此想证明老人们并非比过去更孤独[1]。还有一些调查的结果，说明孤独者的数量有了显著增长[2]，因而受到了各大媒体的关注和大肆分析报道。但这绝非事实，只能算是例外。总而言之，随着时间的推移，孤独者的数量似乎仍保持稳定。但我们需要谨慎地证明它，从而得出可靠的结论。

受限于测试工具极低的精度，得出"X%的人是孤独的"这样的结论，根本没有实际意义可言。因为统计数据的不准确会误导我们。然而，通过这些调查问卷，我们能发现不同国家、社群、年龄段、性别等人群在孤独范畴内的区别。我们还可以尝试挖掘多年来导致孤独成为主流现象的原因。不过，我们尚没有可靠的研究基础。因为我们"依赖"的各种研究，不仅结构各不相同，产生的数据也难以比较。

挪威人的孤独

在挪威,对收入和居住条件的综合调查有很多。多亏了这些调查,我们获得了海量的数据,并得以用它们研究孤独及它与其他现象间的关系。接下来的内容,以 1980 ~ 2012 年对收入与居住条件的调查为基础。引用的各类图表中,各数据都是百分比[3]。参与调查的人数在 6000 ~ 8000 人之间。

简单概括一下我们从这些调查里得到的发现,那就是孤独者的数量并没有什么增长。唯一的变化是,认为自己"时常孤独"或"总受孤独困扰"的人,所占比率有所下降。

此外,1980 ~ 2012 年出现了一个显著变化:认为自己有至交的人占比有所增长。具体情况如下:

	1980 年	1983 年	1987 年	1998 年	2002 年	2005 年	2008 年	2012 年
男	62%	63%	69%	80%	80%	97%	93%	93%
女	74%	77%	78%	90%	89%	98%	96%	96%

根据最新的调查结果,几乎所有受访者都称自己有亲密挚友。当我们去探寻孤独感与是否拥有挚友的关系时,会发现从对个人的调查结果看,它们之间的联系比较微弱。我们

将会发现，尽管随着时间的推移，越来越多的人声称自己拥有亲密挚友，但从对孤独者数量的调查结果中可以看出，孤独者的人数并没有因此而减少。这很可能说明，对避免孤独来说，拥有亲密挚友似乎并没有那么重要。而这与我们的假设截然不同。

同样地，与朋友沟通的频繁程度——时常或很少——对孤独同样没多大影响。对那些称自己"时常"孤独的人来说，我们很难分清他们究竟是"时常"还是"很少"与朋友交流。然而，对那些"偶尔"或"很少"感到孤独的人来说，约见朋友是有影响的。它支持了这样一种假设：长期性孤独具有内生性，各种社交环境对它的影响极小，哪怕它们对其他情绪有着更大的影响也是一样。出于兴趣，还有一种情况值得一说：每天都与朋友见面的人，反而比见朋友没那么频繁的人更易陷入孤独。

不同社群人数的多少，与孤独者的占比并无显著关联。但大多数关于收入和生活条件的调查结果显示，比起生活在大城市的人，居住在人烟稀少地区的人更易感到孤独。与其他国家相比，在挪威，不同年龄段的人群里，孤独者的占比并没有太多变化。但我们也发现，在16～24岁与67岁以上的人群中，孤独者的占比最高。实际上，在挪威乃至全世界，女性一直比男性更易感到孤独。正因这性别差异始终如一，笔者想罗列几个有关这一问题的数据表。

在本章的后半部分，我们将讨论导致这一性别差异的可能原因。

关于收入和生活状况的调查，贯穿于时间长河之中。此类调查也反映了人们的孤独状况。但不同时期的调查，体现的问题不尽相同。最早的调查说明了人们感到孤独的频繁程度，而最新的调查重点诠释了人们受孤独折磨究竟有多严重。这两件事本质上截然不同。原因在于，我们可以想见，对部分声称感到孤独的人来说，孤独可能算不上什么困扰；相对地，有些人可能很少称自己感到孤独，但却备受孤独折磨。同时，通过查阅自1998年以来的调查数据，我们可以得出结论：过往与近期的调查结果之间有着显著的联系。然而，还有一点值得注意，在回答"时常"感到孤独的人中，只有一半多一点认为自己"备受孤独折磨"。因此，笔者列出以下两个表格，展示人们对两个问题的回答结果。

你感到孤独吗？				
	时常	有时	很少	从未
男（1991年）	3.2%	13.5%	20.6%	62.7%
女（1991年）	5.0%	21.1%	23.3%	50.6%
男（1995年）	3.2%	13.7%	20.6%	62.6%
女（1995年）	5.3%	21.5%	22.9%	50.3%
男（1998年）	2.4%	14.0%	29.6%	53.9%
女（1998年）	4.3%	20.8%	31.1%	43.7%

孤独对你的影响				
	深受其扰	影响较大	略有影响	没有影响
男（1998年）	1.5%	3.5%	17.2%	77.8%
女（1998年）	2.4%	4.2%	22.1%	71.4%
男（2002年）	1.5%	2.9%	16.2%	79.4%
女（2002年）	2.2%	3.6%	20.8%	73.3%
男（2005年）	1.2%	2.5%	15.8%	80.5%
女（2005年）	1.6%	4.0%	19.2%	75.3%
男（2008年）	1.2%	3.0%	18.0%	77.8%
女（2008年）	1.3%	4.1%	23.8%	70.8%
男（2012年）	1.0%	3.4%	17.7%	77.9%
女（2012年）	1.8%	5.5%	23.3%	69.5%

在这两个表格中，各项数据并没有表现出什么显著的发展趋势。看起来，选择程度最重的选项——"时常"和"深受其扰"的人的比例有下降趋势。除此之外，就没有什么显著变化了。但我们还是可以得出结论：这些调查无法证明我们正受

到"流行性孤独"的侵袭；孤独问题只存在于极为有限的人之中。

然而，因为受访者中确实有不少人认为孤独对他们"影响极大""影响较大"或"略有影响"，所以才有了"每 4 个挪威人中就有 1 个感到孤独"的调查结果，其数据本身是真实的。然而，强行把这三组人混为一谈，就会产生误导，像是在慢性头痛患者和不时患轻微头痛的人群间画了等号。

之前已经提到，笔者对形如"X% 的人是孤独的"的结论深表怀疑。因为在面对孤独这样的模糊现象时，不够精准的表达具有欺骗性。

孤独，生命阶段和社群

处于哪一年龄段的人最易为孤独所困？各种研究给出的答案五花八门[4]。通过对比不同年龄段的人群，大多数研究表明，最易感到孤独的是年轻人和老人；最难感到孤独的则是处于工作年龄的人——显然，结果呈非线性分布。但也有些研究的结果显示，对不同年龄组的人来说，受孤独侵袭的概率并没有太大差别[5]。

孩子的孤独状况与父母的孤独状况密切相关，且母亲一方对孩子的影响要比父亲大[6]。对这种现象的解释多种多样，涵盖了社交状况和遗传性状两方面。孤独是一种部分遗传现象，50%左右的孤独者之所以孤独，可能是受到了遗传的影响，也就是说，孤独有50%左右的遗传概率[7]。但颇为有趣的是，在孩提时期至青春期之间，这种影响会减弱很多。同时，在12岁的孩子中，受遗传因素影响而孤独的比率，要比在7岁的孩子中低不少。

还有一些研究表明，从遗传学的角度来说，缺乏催产素受体会使孤独感变得更强[8]。在生物化学基础领域，催产素是研究交际情绪的关键要素之一。缺乏利用催产素的能力，也许能在一定程度上解释孤独。不过，若要把孤独这种复杂现象的产生归因于催产素受体缺乏，我们还得谨慎一些[9]。

在这些研究中，有些人群总是多次出现在受访人群中，比如移民、残疾人和老年人。对处于结婚或未婚同居状态的人，或拥有一个或多个挚友的人，倘若身体健康且受过高等教育，那么他陷入孤独的风险会比较低。完全置身职场之外的人，更有可能感到孤独。但下岗与孤独的联系却没有那么紧密[10]。在职场中，女人比男人更易感到孤独，相对地，职场中的女人甚至比职场外的男人有着更强的孤独感[11]，这真是一种特殊的性别差异。对于孤独问题，身体健康程度对老年人孤独感的影响并不大，但身体不健康的老年人的确更易感到孤独。

当我们讨论某个人究竟有多孤独时，还可以考虑另外一个重要因素，那便是他居住在何地。事实上，这一因素对孤独状况的影响比年龄还要大。在欧洲，东欧人显然最易感到孤独，而北欧人是最不易孤独的[12]。在南欧国家，比如意大利、希腊和葡萄牙，感到孤独的人占比较高。在斯堪的纳维亚半岛诸国，孤独者的占比相对较低。但在不同年龄段的人群中，孤独者的占比并没有多大差别[13]。

孤独与性别

女性是孤独相关研究中最常出现的群体。大多数研究认为，女性中孤独者的占比要比男性高[14]。在童年时期，这种性别差异并未显现，但之后便出现在了处于不同社会、不同年龄段的人群之中。还有一些研究表明，男性中孤独者的比率要比女性更高，但这不过是针对特殊群体的研究结果，不具有普遍的参考价值。元分析（一种定量分析手段。它运用一些测量和统计分析技术，总结和评价已有的研究）的结果表明，女性中孤独者的占比的确更高。但接下来的深入研究，却给了该结论"当头一棒"[15]。该研究认为，虽然女性中孤独者占比更高，但孤独感对男性的影响要更大[16]。在参加工作期间，孤独者的占比会逐渐减少，但仍是男女有别。那么，孤独者的占比何时才会升高呢？对于这一问题，不同性别之间产生了差异。某项研究的结果显示，男性在75岁以上，女性则在55岁以上[17]。

为什么相较于男性，会有更多的女性认为自己孤独呢？特别是，这些女性显然拥有自己的社交网络和要好的挚友，与家庭的关系更是亲密。答案尚不清楚。在女性的一生中，她们会与他人持续建立新的友谊。相反，男性终其一生都在维持建立于过往的友谊。当一位老友离开后，男性宁可放任朋友数量减少，也不愿再找个新朋友[18]。这一现象可能说明，男人要比女人更孤独[19]。然而，笔者通过研究发现，这种解释根本站不住脚，也缺少独立验证。性别差异可能会体现在其他现象中。比如，女性中感到焦虑和沮丧的人更多，而男性中感到无聊的人居多。在笔者看来，关于这种情况最合理的解释应该是：女人需要的人际关系和男人不同。

这一解释很可能以生物学、心理学与社会学原因为基础[20]。有些证据则表明，它更可能源自社会规范而非生物领域。如果承认女性具有更高的社交需求，那么就能解释她们为何总比男人有着更为牢固和亲密的社会关系，却更多地感到孤独。然而，我们并没有证明这一说法的基础，那么就只能把研究范围限定在——论证女性中孤独者的占比高于男性。

关于孤独，性别间的差异还有很多。比如，在大型团体或单位中，男性比女性更需要来自集体的认同感。若是缺少这种认同感，男性会更容易感到孤独或沮丧。而对女性而言，她们更需要一对一的交流，对集体认同感的需求较低[21]。另外，未婚者要比已婚者更易产生孤独感，而在未婚者中，男性要比女性更易感到孤独[22]。

孤独与个性

无论是正受孤独折磨的人,还是未受孤独侵袭的人,他们内心的各种情感,都会在长时间内保持稳定[23]。比如,我们在特定时间测试某个人究竟有多孤独,并得到了一个分数。那么,倘若我们将测试时间点提前或延后一段时间,三次测试的分数将不会有太大区别。当然,改变外部环境确实会对孤独造成影响。但对大多数程度的孤独来说,哪怕面对人生巨变,它都不为所动。这一事实说明,性格对孤独的影响要比外部环境大得多。

正如之前所说,一个人是否孤独,并不取决于他到底与多少人交往,而是当前的社交状况是否让他满足——他觉得这些交往究竟有没有意义[24]。与他人相比,孤独者并没有什么外在优势,也不会更聪明。他们每天的行为与不孤独的人也没什么不同。当然,有一些研究显示,在年轻人中,孤独者喝的酒要比同龄人少;在中年人里,孤独者会喝更多的酒、吃更多的垃圾食品,却不怎么运动[25]。

还有些研究得出了这样的结论——孤独者的社交技巧和不孤独的人一样好。也有一些研究认为,孤独者的社交技巧要比不孤独的人差得多[26]。但若谈到"大五人格❶",研究结果得到了统一——孤独者在外向性、宜人性、尽责性和情绪性等方面的得分都很低[27],但有意思的是,他们在开放性上的得分却很高。进一步讲,比起不孤独的人,孤独者会给予人际交往更为负面的评价[28],也会更为消极地审视自己与他人[29]。关于这一点,文学作品中有个典型的例子,就是索尔·贝娄❷的作品《赫索格》(*Herzog*)。主角赫索格沉迷于写信无法自拔,却没有寄出过任何一封[30]。这些信有写给家人的、有写给朋友的、有写给名人的,还有写给逝者的,可赫索格与其中的某些人甚至都没有见过面。信的主题只有一个,那就是赫索格对自己与他人的失望。

孤独者总觉得自己低人一等,既缺乏吸引力,又没有社交能力。他们真实的模样,与他们理想中的自己,二者之间存在着巨大的矛盾[31]。比起不孤独的人,孤独者在他人眼中的形象大多也是负面的。这对孤独者的影响可谓巨大[32]——也就是说,在孤独者看来,其他同类就是最为消

---

❶ 大五人格:原文为 Big Five in Personality Psychology,也称 OCEAN,是心理学界较为公认的人格描述模式,被视为"人格心理学的一场革命"。它包括开放性(Openness to Experience)、尽责性(Conscientiousness)、外向性(Extraversion)、宜人性(Agreeableness)、情绪性(Neuroticism)。

❷ 索尔·贝娄:美国作家,有"美国当代文学发言人"之称,著有《奥吉·马奇历险记》《洪堡的礼物》《赫索格》等作品。1976年,他凭借《赫索格》获得诺贝尔文学奖。

极的一群人。正因如此，两个孤独者很大程度上难以相互帮助进而摆脱孤独困扰。比起其他人，孤独者总认为社交环境对自己是一种威胁[33]，并觉得他人并不可靠，也难以对自己伸出援手[34]。因此，重度孤独者一遇到困难便会退入自我之中，且很少向他人请求情感和实质上的帮助[35]。相对地，比起不孤独的人，孤独者也很少给予他人帮助[36]，更难与他人产生共鸣[37]。

  在对话过程中，孤独者总是大谈特谈自己的事，却很少向他人提问[38]。在"闪电约会"中，孤独者的参与程度更低，也更不快乐[39]。他们看起来难以结识[40]。此外，孤独者还比他人更加以自我为中心[41]。这些自以为是的人，完全依靠他人的目光而活。他们确认自我存在的唯一方式，就是占据他人的关注。不过，孤独者与自我以及他人间的关系，并非真正的人际关系。他们只能从他人的瞳中看到自我的倒影。因此，对孤独者来说，他人不过是一面面镜子。所以，比起那些坦然接受孤独、把它当作生命中一部分的孤独者，自以为是的人要更孤独。孤独者对社交氛围充满恐惧，也十分害怕这种恐惧。他们害怕自己永远玩不转"社交"这一游戏，并认为他人难以依靠。而且，孤独者总觉得自己是被害者。他们相信，自己之所以如此痛苦，是因为他人拒绝给出自己需要的认可。所以，孤独者首先需要通过外部认可，确认自身的存在。总而言之，孤独者对他人不感兴趣，而这正是他们如此孤独的根本原因。

可以想见，如果人长时间身陷孤独，便会产生一系列反社会行为——这会让他们更加孤独。由此，对社交的失望便会于内心涌起。在人际关系中，孤独者更有可能怀疑对方的称赞是否真诚，并认为对方将对自己的负面看法藏了起来[42]。与不孤独的人相比，孤独者总觉得自己与朋友不一样[43]。由于始终认为自己与他人不同，孤独者便会以更为消极的眼光看待他人。例如，众所周知，倘若你是某社群的成员之一，而其他成员也将你视作他们中的一员，来自他们的微笑，便是友好的表示。但若是来自社群外陌生人的微笑，就更像是种威胁[44]。换句话说，那些认为自己异于常人的人，总觉得自己被误解了。所以，他们更有可能感到沮丧[45]。而且，患长期性孤独的人对社交抱有更高的期待[46]。孤独者总是抱怨，积极的社交体验实在太少[47]。笔者在第二章中提到过，孤独者会表现出社交完美主义倾向。在社交过程中，他们对自己和他人都有更高的要求[48]。

克里斯汀·纳斯❶的小说《唯人而已》（*Bare et menneske*，*Only Human*，2014）完美地诠释了"孤独"这一性格特征。主人公比·布莉特·薇可儿，50岁，在西奥

---

❶ 克里斯汀·纳斯：Kristine Næss，挪威小说家、诗人。她的第四部小说《唯人而已》获 2015 年北欧理事会文学奖。

斯陆过着孤独的生活。她曾与克努特有过一段婚姻，生了两个孩子，但两人后来还是离婚了。薇可儿经常抱怨，与孩子的别离让她倍感孤独[49]。她一直在期待有个男人能走入她的生活，慨叹她将韶华浪费在了"身负重罪和一无是处的男人"身上[50]。在她看来，自己的过往情史就和别人笔下的小说一般，没有任何真实感。正因如此，她总是难以正视这段爱情的现实："那个男人没骨气，被判了刑，或许还有其他什么问题也说不定。"[51]她说她有着"某种社交活动"，偶尔给老朋友打电话聊聊天，或是找他们喝一杯。但她和这些人都不亲近[52]。她的自以为是和自怨自艾可谓根深蒂固，但当她意识到这些性格特征的存在时，又会作出自省[53]。然而，薇可儿对他人的要求永远比对自己高。在她看来，现实中没有哪种人际关系是它该有的样子。薇可儿的爱情观只有一个词——"全情投入"，但她对"全情投入"并没有什么概念[54]。简而言之，薇可儿单身的原因是孤独，而非因孤独才独自生活。

对孤独的早期研究，曾做出过这样一种假设：孤独者之所以孤独，是因为他们不能像不孤独的人那样处理社交信息。然而，这种假设是错误的。比如，我们让孤独者和不孤独的人一起读一篇关于个人社交生活的文章，或是看一组呈现不同表情的照片，孤独者可从文章中领会更多的信息，也更准确地判断了照片中人的情绪[55]。这一结果很可能说明，孤独者对社交过于敏感，而这种敏感却阻碍了他们融入社会环境。

此外，孤独者更为在意他人的眼光。显而易见的是，以上这些事实说明，孤独者想完全融入特定的社会环境，是十分困难的事，因为来自他人的反应实在太多，瞬间便横亘在他们面前，阻止他们前进，哪怕是一小步。孤独者总会在交际中寻找"被拒绝"的标志。因此，他们找到的标志越多，对这些标志的反应就越强烈[56]。本无恶意的言语和行为时常被孤独者视作具有侵略性。这种只有孤独者能感受到的"侵略性"，恰恰与他们认为的"侵略性"重合[57]。因此，对孤独者来说，社交圈子似乎蕴藏着巨大的风险，孤独则成了安全选项之一，哪怕它会给自己带来痛苦。所以，许多社交回避策略因孤独而产生。由于孤独者不太可能把他人视为建立积极关系的潜在对象，所以他们会选择降低交际可能性的方式生活[58]。

第四章　**孤独与信任**

只要尚有一人值得信任尊敬,世间便没有灵魂孤苦伶仃。

《罗慕拉》(Romola)
(英)乔治·艾略特

很多研究证明，孤独与广义的信任之间存在清晰的逆相关：你越信任他人，就越不会孤独；你越不信任他人，就越会孤独[1]。想要探寻这一因果关系的本质，甚至它是否真的存在，无疑是十分困难的。但似乎有不少证据能够证明，对他人的信任程度较低的确会引发孤独，反之则不同[2]。当我们站在个人乃至整个国家的层面去审视孤独与信任的关系时，也会发现它们间有着牢固的联系。

一项对比挪威人和丹麦人的研究显示，若想解释两国人群在孤独体验上的不同，对他人的信任值是最关键的因素之一[3]。令人震惊的是，保罗·奥斯特❶在《孤独及其所创造的》（*The Invention of Solitude*）中，曾着重笔墨描写他父亲对他人甚至自己的不信任，以此来诠释他父亲那深入骨髓的孤独[4]。信任他人的能力和交际能力之间，存在着密切联系。正如本书第三章中介绍的那样，比起其他人，孤独者更易将社交环境视作威胁[5]：认为他人不够可靠、给予自己的支持不足[6]；感觉他人是与自己截然不同的存在[7]。而对信任的研究也证明，信任建立在相似性上。简单说，我们总是更易信任那些与自己相似——至少是觉得与自己相似的人。如果一个人认为自己"与众不同"，他对其他人的信任便会减弱。

感觉、认知、信赖、关系、行为……它们都是信任的重要一面。谁都无法在没有信任的世界里生存。像托马斯·阿奎纳❷和约翰·洛克这样的哲学家早已准确地观察到：倘若没有信任，人不可能活下去。格奥尔格·齐美尔则强调，如果人与人之间失去广义上的信任，社会将轻而易举地瓦解[8]。日常，身处任意环境中的你，都要依靠他人。比如，你相信

---

❶ 保罗·奥斯特：美国小说家、诗人、导演、剧作家，1947年出生于新泽西州。奥斯特的作品充满创造力，常诠释个体身份的分裂与缺失。其著有《纽约三部曲》《布鲁克林的荒唐事》《幻影书》《月宫》等名作。

❷ 托马斯·阿奎纳：意大利神学家、哲学家，托马斯主义哲学的缔造者，自然神学的首批提倡者之一。他构建的神学体系对神学发展有着巨大影响，因而被后人称为"神学界之王"。其著作《神学大全》被誉为神学界的永恒经典广为流传。

对方不是个自杀式炸弹袭击者,相信对方说了实话,等等。失去了这种信任,你便如同瘫痪。此外,缺乏信任会阻止人们做出以信任为前提的行为。然而,怀疑却比信任的要求更高。因为长时间地关注他人,"监督"自己与他人的行为,寻找双方意愿冲突的标志等做法,无疑使人精疲力竭。在电影《牺牲》(*Scarface*)中,托尼·蒙塔纳曾说:"我该信任谁?我自己!"然而,想以这种态度生活,不是一件容易的事。

信任的文化

信任与孤独的联系既体现在个人层面，也体现在国家层面。对于世界各国来说，居民的人际信任等级越高，孤独等级就越低。同样地，信任程度较低的国家，孤独等级往往更高。北欧各国的孤独者占比较低，而在诸如意大利、希腊和葡萄牙等国较高——对于这一现象，信任与孤独的联系堪称关键解释之一。

在挪威和丹麦，多数人认为大部分人是可以依靠的。可在巴西和土耳其，这样想的人只有 10% 左右[9]。根据经济合作与发展组织❶的调查结果，90% 的挪威人和丹麦人有着很高的信任等级，但在希腊人和葡萄牙人中，这一数字降到了 40%。显然，这种差异反映了不同国家内民众的交际情况。我们还发现，在已有的研究资料中，挪威和丹麦是孤独者占比最低的国家，希腊和葡萄牙则是最高的[10]。可见，信任与孤独的逆相关既体现在个人层面，也体现在国家层面。当然，凡事总有例外。最明显的例子是日本——在那里，信任等级和孤独等级都很高。

---

❶ 经济合作与发展组织：国际经济组织之一，成立于 1961 年，简称经合组织（OECD），是由 37 个市场经济国家组成的政府间国际经济组织，旨在共同应对全球化带来的经济、社会和政府治理等方面的挑战，并把握全球化带来的机遇。

第四章 孤独与信任

我们常说，西方世界——以及世界其他地区——正在经历一场信任危机。但并没有多少证据表明，世界范围内的信任等级有了显著降低。当然，信任等级会随时间推移而变化，各个地区的情况也不尽相同。比如，在很多国家，金融危机的到来，使得金融机构乃至公共机关的信任等级显著下降。但在某些国家，比如瑞士和以色列，它们的信任等级却上升了[11]。同时我们还发现，广义上的信任——即人与人之间的基本信任❶（对孤独十分重要的因素）并没有显著下降。此外，如果我们仔细观察一下北欧各国，会发现过去十年间，信任等级始终有显著提升[12]。要知道在十年前，这里的信任等级就已经很高了。而且，信任经常会受到威胁，理由很简单——摧毁信任很容易，想再建立就难了。但没有证据表明，信任于今日受到的威胁要比过往多。

那么，一个国家拥有高信任等级的原因究竟是什么？关于这一问题，目前尚有争议。答案有很多，比如稳固的法制基础、壮大的公民社会、较少的贪腐现象、文化同质化、社会繁荣、经济平等，等等[13]。而且，公民受教育程度高也是促成高信任等级的因素之一。倘若一个国家的政府弱小或腐败，比如连民众权利都难以保证，信任等级便会遭受毁灭性

---

❶ 基本信任：这一概念是信任在社会行为中的体现。很多心理学家用其描述因备受无微不至的母爱呵护而产生的对他人的信任。随后，这一概念又引申为：对他人的信任，源自孩提时代对母亲的信任。

影响[14]。社会隔离对信任等级同样起负面作用。在挪威人看来，挪威之所以有很高的信任等级，得益于它是福利国家。但是，安德里亚斯·博格和克里斯蒂安·比约斯科夫用一项研究证明，事实该是相反的才对：挪威之所以成为福利国家，靠的正是高信任等级[15]。虽然这一结论并没有消除福利国家对信任等级有着积极影响的可能性，但也表明它们的逻辑关系恰恰相反。在对 77 个国家进行调查研究后，博格和比约斯科夫提出，根据一国历史上的信任等级，便可看出福利社会对信任等级的影响有多大。为此，他们试着去调查 70 ~ 150 年前从斯堪的纳维亚半岛❶ 移民至美国的人的后代，看看他们的信任等级如何。结果是，他们的信任等级远比美国平均水平高。

---

❶ 斯堪的纳维亚半岛：位于欧洲西北部，是欧洲最大的半岛，面积共 75 万平方千米，岛上的主要国家为瑞典和丹麦。

人际交往中的信任

在孤独问题中，信任扮演着十分重要的角色。对于这一点，想必不难理解。在日常交往中，即时性是非常重要的。而缺乏信任恰恰摧毁了这种"即时性"。关于这一点，乔治·艾略特的作品《米德尔马契》（*Middlemarch*）中就有诠释：他不相信她的感情；还有什么是比不信任更孤独的事呢[16]？猜疑会让你彻底陷入孤立之中。

当你向他人表明信任时，你很容易受伤。当你向他人表明对重要之事或人的信任时，你极其容易受伤。倘若你向他们倾诉秘密，你会失去对秘密的控制。所以，人们总称那些容易相信他人的人"幼稚"，并因此抛弃这样的人。然而更多证据证明，信任可以帮助你更准确地认清他人的性格及意图[17]。在评估他人的过程中，你会观察到他们表现里的细微变化，对方的回应也会更迅速。由此，你与他人的交往将会变得更加顺畅。

信任解决了人际交往中因不确定性而产生的问题。在与他人的交往过程中，充斥着各种风险。你永远不知道对方在想什么，又可能做出怎样的事。当然了，你同样也不知道自己在想什么，又会做出什么事来。但这是两个完全不同的问题。在亲密的朋友及家庭关系中，你可能会忽视这些风险。但如果你意识到风险的存在，可能就无法拥有真正的友情。当然，人不需要在各个方面都信任他人：比如，你可以托朋友临时照顾孩子，但不能让他这个外行给自己做脑外科手术。也有人说，在友情中信任必然存在，而广义上的孤独，对友情是一种伤害。因此，拉罗什富科写得很清楚：对朋友的不信任要比欺骗他们更可耻[18]。若你对朋友不信任，说明你根本不是他真正的朋友。如果对方知道你不是真朋友，就会深感失望："我们的猜疑让他人的欺骗理所应当。"[19]

按弗朗西斯·福山❶所说，不信任提升了"交往过程中的交易成本❷"[20]，这让共处变得更加困难。当然，我们都会向他人表示信任，因为在全然没有信任的世界生存是不可能的。然而，信任也有程度和等级之分。因此，当丹麦哲学家和神学家 K.E. 拜格斯鲁普在《伦理诉求》（*The Ethical Demand*）中，将孤独明确定义为二分法问题时，人们便被引入新一轮的思考之中：

正常情况下，当我们邂逅他人时，会怀有自然而然的信任，这是人类的特征之一。无论是对已经相熟的朋友，还是

---

❶ 弗朗西斯·福山：美籍日裔政治学家、政治经济学家、作家，其代表作为《历史之终结与最后一人》。

❷ 交易成本：又称交易费用。指在一次交易完成后，产生的所有与此交易相关的成本。

初次见面的陌生人,都是一样。只有在某些特殊场合,我们对陌生人才会有先入为主的不信任……起先,我们相信他人的话,我们无条件地相信他人。这似乎很奇怪,但它意味着你是个正常人。倘若没有信任,人几乎不可能活下去。如果我们总是先去怀疑别人,如果我们总从交往伊始就怀疑对方想偷我们东西或欺骗我们,那我们将难以生存,我们的生命将受到伤害直至最终消散……信任等同于敞开心扉[21]。

拜格斯鲁普强调,信任是人类存在的基本特征之一,这再准确不过。没有与生俱来的信任,人们将无法成长。然而,我们信任他人的程度却不尽相同。产生不信任的原因,并非总是对方背叛自己的预感,也可能只是对方必将不喜欢或不认同我们的事实。在信任程度较低的人眼中,他人不一定对自己怀有恶意,但会充满危险——他们很可能会伤害到自己。充满猜疑的人不太可能向他人倾诉个人问题,因为他们害怕得到负面回应,抑或对方将这些事"广而告之"。可见,这种想法与之前"孤独者缺乏社交能力"的假设是有所不同的。

同样地,畏惧和怀疑具有自我延续性。有些环境可以帮助我们学会如何信任他人,但由于某些原因,怀疑会将我们和这些环境隔绝开来。因此,怀疑将会孕育更深的怀疑。比起不孤独的人,孤独者更会将周围环境视作威胁[22]。正是这种畏惧,掩埋了能够治愈孤独的"对症良方":人际交流。社交恐惧破坏了交际的即时性,也摧毁了社交本身。低等级的信任会引发更强的孤独感或逆反心理吗？它们会强化彼此吗？这两个问题难有定论。但许多研究都支持这样一种假设：低等级信任更多地引发孤独，反之则不同[23]。一项对美国学生们的研究显示，被告知"不要相信陌生人"的学生孤独等级要更高，堪比成人；而在该组学生中，女孩要比男孩更孤独[24]。

经过深思熟虑后的信任，总是和风险意识联系在一起，它的核心恰恰是不信任。它具有局限性和偶然性：表现出"深思熟虑之下的信任"的人，只有愿意接受某种风险或受攻击的可能性，才能证明这种信任可能存在。然而，如果我们表现出信任，必然会先假设对方不会泄密或攻击自己。当我们依赖他人时，会始终用更为积极的态度解读对方的言语和动作[25]。但在不信任时则相反。另一方面，从不信任的视角看，人会倾向于用最消极的态度看待一切。由此，那些被用来教授如何信任他人的人际关系，便向他关上了大门。如果你不信任他人，你与他人的交流将会受到限制。由此，证明"人皆不可信"这一论调错误的机会将越来越少。"怀疑"阻止你接触自我之外的世界。将他人隔绝在外的同时，你也将自我封闭起来。自此，孤独很可能会一直伴你左右。

第五章 孤独，友谊和爱

有时你深陷孤独，
有时你无处可走。
我游遍人间各处，
我挥别世间风土。
请做我毕生眷侣，
与你共享我全部，
与你相伴至白头，
请为吾妻。

《请为吾妻》❶（*Be My Wife*）
（英）大卫·鲍伊 ❷

❶ 出自大卫·鲍伊 1977 年的专辑《消沉》（Low）。

❷ 大卫·鲍伊：英国摇滚歌手、演员。其作品以充满艺术性而著称，堪称流行与艺术的完美结合。他曾被《滚石》杂志评为"史上最伟大摇滚艺人"，并于 2006 年斩获格莱美终身成就奖。

第五章　孤独，友谊和爱

只有能展现友情与爱的人，才会感受到孤独。但我们同样可以说，只有能感受到孤独的人，才有能力去爱，抑或成为他人的伙伴。

孤独栖身于社会各处。即便你可以与他人分享各种体验，但它们中的某些部分仍只属于你，你无法向对方和盘托出。如果你感到绝望，你总是能大声说："我很绝望！"但究竟是什么使你感到绝望，你永远无法全部说出来。如果你耳朵疼，大可告诉其他人。如果他们也耳朵疼，就能明白这是种什么感觉，自然也会理解你——尽管他们不能分担你的痛苦。这一事实说明，在自我与他人间，横亘着一条永远无法跨越的横沟。但笔者仍旧不会妄下断言，称"我们对自己的了解必然比对他人更彻底"。原因在于，在自欺欺人上，我们可是惊人地熟练。比如，当我们对自己全然诚实时，我们编造的谎言极少令人信服。但至少我们知道，认识自己与认识他人的方法截然不同。我们可以从他人身边逃开：或是从物理空间上远离对方，或是将对方逐出精神领域。但我们无法远离自我——也许短时间里可以，比如全身心投入游戏或工作中时。你与自我的关系十分独特，和与他人的关系完全不同。自我意识的显著特征之一，就是意识到自己与他人的不同。

然而，让爱情和亲密友情显得如此美妙的，正是与他人的关系。这里所说的"他人"，并非仅是谁的复制抑或影子，而是独一无二的个体。他们的自我能够不断延伸，并能从外部世界看到你的自我，从而给出认可——这是你无法从自我中得到的。简单来说，"他人"便是能和你建立类似连接的人。

无论友情还是爱情，都有着各自的发展过程，有时还比较复杂[1]。笔者无法恰如其分地描述它们。但是，笔者会将重点放在介绍友情与爱情本质里的一些核心概念上，再试着去分析它们对人们认识孤独问题的启示。此外，截至19世纪，人们普遍认为，友谊是人能拥有的最亲密的关系，直到后来被婚姻取而代之。

谈友情

在哲学家们笔下，关于友情的作品远少于爱情。他们谈论友情时，文字总能显得更为冷静。所有哲学著作都会诠释某个客体的理想形态，以此来尽可能清晰地展现它的一切。这样做的目的，自然是为了抓住它的本质。因此，就其本质而言，爱情被视作世间难以企及之物。相对地，友情则被视为世间流行之物。有两位哲学家将友情置于最为重要的位置，一是亚里士多德，二是康德，但他们讨论友情的方式截然不同（这并不是什么新鲜事，因为他们所处的社会、拥有的社交关系都截然不同）。

亚里士多德在其著作《政治学》第一卷中这样写道："显而易见的是，和蜜蜂以及所有其他群居动物相比，人更像是一种政治动物。我们可以断言，自然不会做徒劳无益的事——因此，人是唯一拥有语言能力的动物。"[2] 在亚里士多德看来，人被定义为"政治动物"，会和其他同类一起生活在社会之中，通过语言能力构建密不可分的联系。人类需要一种可与彼此交流的关系。而且，人类比任何动物都愿意选择群居生活。那些渴望自给自足，又对他人毫无需求的"家伙"根本就不是人——不是兽，就是神[3]。他又进一步讲到，友情可谓是"最大的外在善"[4]。

亚里士多德将友情分为三种。每种友情都是"一种彼此对等且难以辨认的感情。在这一感情中，他们爱着彼此，希望对方好"[5]。然而，利益型友情是基于互惠互利确定的。亚里士多德认为，利益性友情其实很容易确定，可惜我们经常将它与更深层次的友情相混淆。利益型友情并没有延续性。因为随着生活环境的变化，它的基础——利益也在发生变化。那时，这种友情将会崩溃，因为它的基础不是个人特征，而是某些外部事物。接下来是快乐型友情，在这种友情中，某人发现自己在与对方交往时感到十分舒服，比如，总能和他共享一段快乐时光。亚里士多德强调，这种友情同样易于确立，但仍然脆弱，因为交往中的快乐同样可能变化。这两种友情都是有缺陷的。而亚里士多德眼中的完美友情，是美德型友情：

> 最完美的友情，诞生于一群品行高尚的人之中。他们拥有相同的美德：因品行高尚，他们衷心希望对方好。这些发自真心为对方祈祷的人，大多成为朋友。他们之所以会选择对方交往，是因为他们的品行，而非其他什么附加原因。所以，只要他们仍品行高尚，这份友谊就会持续下去。因为美德本就是持久之物[6]。

最完美的友情是美德型友情。在这类友情中，每个人都希望对方好，也敬仰着对方高尚的品德。同时，这种友情可以持续很久，因为它的基础是身为人的朋友，乃至相同的性格特征。所以，美德型友情不会受利益或快乐等因素的影响而改变。但亚里士多德还说，美德型友情可谓世间罕有。原因很简单，因为世间并没有多少人具备这种友情所要求的美德[7]。在这种友情中，朋友更像是"另一个我"[8]。如果你有这样一个朋友，想必会尽可能地与他在一起。这意味着，你将无法维持诸多与之类似的友情，因为这种友情或多或少地要求你全情投入。

康德则将友情视为最高形式的"对等之爱"[9]。他简短地讨论了友谊的两种低端形式：需求型友情和品味型友情。在很大程度上，它们与亚里士多德的"利益型友情"和"快乐型友情"类似，这里不再赘述。接下来，康德开始探讨，亚里士多德的"美德型友情"和他心中的理想友情究竟有何区别：在现实生活中，前者不可能得到，而后者极难得到。先来说亚里士多德的"美德型友情"，它通过对等的爱与尊重，在朋友之间建立了平等关系[10]。那么，为什么说这种友情在现实中是得不到的呢？康德认为，人永远无法确定彼此间的友情是否对等。由此，朋友间潜在的不平等会对友情造成威胁。后一种友情，即康德眼中的理想友情，依靠的是两人间彻底的信任——两人间的想法和感觉得以互通，也没有任何秘密可言[11]。正如康德所说："人不想'独自与思考相伴'。"然而，泄露某人对政治问题、宗教信仰和对他人的看法，可是要承担极大风险的。因此,人们总会选这样的人做亲密挚友——与他/她交往时,没有会遭受背叛之忧。所以,信任便成了友情的核心之一[12]。而且,真诚坦率是友情存在的基础[13]。朋友间必须能分享各自的思考和感受,并始终对彼此的境遇感同身受。不过,如果你觉得朋友正在错误的道路上前行,那你大可批评他,让他悬崖勒马。纠正朋友的错误,正是友情的作用之一。但究其根本,还是自己具备真诚坦率的能力。在这一背景下,很多人总是问:"为什么康德认为这种友情要比亚里士多德的'最完美友情'更可能实现呢?明明在人际关系中,坦诚也是难以保证的啊?"但康德没有回答。不过,显而易见的是,一个人只能有少数几个挚友,因为朋友的数量越多,每个朋友的价值就越低[14]。相较于亚里士多德的美德型友情,康德的亲密型友情并不要求朋友们长时间地在一起。在许久见不到彼此的情况下,朋友间的相互信任,仍可使这种友谊长存。然而,这种友谊本身是有局限性的,因为很多事情一个人做不了,比如开音乐会或打网球。而且,这些朋友甚至不用分享各自的爱好。康德口中的友情也并非以实用性为基础。康德认为,与其让朋友背负自己的重担,还不如独自一人承担[15]。因为让朋友背负的话,相当于威胁让友情破裂,并将使这种友情从"亲密型友情"下降为"需求型友情"。话虽这么说,倘若一人遇到困难,他的朋友也会做好准备,最大限度地帮助他[16]。

第五章 孤独，友谊和爱

对于由"非社交的社交性"引发的孤独，康德式的友情可谓一剂良药。康德在《实用人类学》（Anthropology from a Pragmatic Point of View）中写到，把人视作"害羞得连邻居都躲的孤独者"而非"政治动物"，似乎更有道理[17]。同时，"必须要加入某些公民社会团体或其他团体"的思想，一直禁锢着人类[18]。康德强调了我们内在的二元性——我们既被推向他人，也被推向只身一人，由此得出一个重要观点：

> 所谓"非社交的社交性"，即人们本有着社交意愿，却对社交抱有抗拒倾向。这种抗拒持续威胁着他们，要将他们的社交彻底破坏。显然，社交意愿植根于人类本质。人类倾向于生活在社会之中，因为置身于此会让"身为人"的感觉更强烈。也就是说，在这种状态下，他感觉自己的人类本能可以得到提升。但他同样有很大的可能选择一人生活，与他人隔绝开来。因为他也在不经意间，邂逅了自我那"非社交"的一面——想让万物按自己的意愿发展。所以，由于他清楚知道，自己有时会产生不想合群的冲动，便默认他人也会如此[19]。

康德指出，我们总希望自己能对他人有所意义，以表明我们是有价值的[20]。在他的"非社会的社会性"观点中，当一个人在他人面前展示自己甚至是内心所思所想时，总有种被逼无奈的感觉[21]。在社交场合，人有时会想将内心深处的自己展示给他人。但由于这种行为伴随着风险，所以他只会将这些告诉某个至交，抑或是少数几个精心选出的朋友[22]。正如康德在一次演讲中所说的那样，没有朋友，人将彻底被孤立[23]。

如果你读过蒙田❶的作品，会发现他虽然对孤独赞赏有加[24]，但对友情更是推崇备至，甚至将友情描述为"完美社会中最重要的一点"[25]。事实上，蒙田和艾蒂安·德·拉·波埃西之间的友情，与人们普遍认知中的友情截然不同，堪称模范友情：

> 还有，我们平日所说的"朋友"和"友情"，无非就是"亲近的人"和"熟悉的人"。通过偶然接触，或是有意为之，我们与他人的灵魂间产生了某种微弱的交流，"朋友"和"友情"随即产生。在我认知中的友情里，朋友们都聚在一起工作生活。他们的交融实在太过彻底，仿佛从第一次建立关系起，就不曾有过任何罅隙[26]。

在柏拉图的《会饮篇》（*Symposium*）中，收录了亚里士多德某次演讲的内容。其中对"爱情"的诠释，与蒙田和波埃西间的友谊非常相似，即"两个灵魂完美结合"。蒙田讲述了"在邂逅前那漫长的时光里，两人如何寻找彼此""他们

---

❶ 蒙田：法国作家、思想家，活跃于文艺复兴时期，以博学广闻、行文自由著称。他擅长散文，作品《随笔集》为世界文学经典。莎士比亚、培根等文学巨匠均受其影响。

如何用'炽热如爱'的感情看待对方""又是如何在'喜欢'之情的感召下,向对方敞开心扉的"[27]。而且,在蒙田的完美友情中,诸多朋友的优点会集中到一个人身上,所以其他朋友再无容身之所[28]。因此,当波埃西离世时,蒙田受到了巨大的打击。他写道:"我只剩下了一半。"[29]蒙田描述的其实是友情的现代形态——以亲密情感为基础——而在亚里士多德的认识里,并没有这一部分。可能有人会问:"蒙田口中的友谊是否只是空想,现实中压根不存在?"亚里士多德的"美德型友情"和蒙田眼中的"理想友情",都是需要尽心竭力维护的。同时,它又与"生命中存在朋友以外之物,比如家人或工作"相矛盾。另一方面,康德的"亲密型友情"似乎局限性太强了:难道友情就只是两人不以扩大交际圈为目的,单纯地分享思考和情绪?朋友间通常会有一个或多个共同爱好,比如体育,比如某种文化表达形式。也就是说,"友情"中还存在着两人外的第三个组成部分,正是它将两人联系在了一起。也许有人会说:"这么说的话,友情肯定要更脆弱。道理很简单,要是朋友中的一方对体育或文化表达形式失去兴趣,那该怎么办?"尽管如此,我们同样可以认为,这第三种元素能帮助友谊永恒化——无论其他生活环境如何变化,总会有个体保有这样的兴趣爱好。

然而,在谈及友情时,必然会涉及大量有关"无私"的内容[30]。按亚里士多德的话说,真正的友情或爱情,要求你带着对朋友的尊重，主动去做对对方而非自己有益的事。为了让彼此间的关系更真诚，对等是必要的。比如，对方同样会带着对你的尊重，主动去做对你而非他有益的事。而且，友情中存在一种爱情不具备的客观性。我们不难想象单相思——想必大多数人都曾有过这种经历，即自己深爱他人，对方却不爱自己——但很难想象"单向好友"是什么情况。对一个人来说，他可以爱另一个人，但对方不以爱回应的事实，并不会让这种爱变得虚幻。可是，倘若失去了对等性，友情就不再是友情了。

根据齐美尔的观点，为了满足社交需求，人们不再只依靠一两个挚友，而是出于各种需要及目的，结交许许多多的朋友[31]。不过，没有太多证据证明，今日的友情较之过往更为分散。在现代的婚姻及同居关系中，你与伴侣间持续升温的情感，会逐渐取代你的其他社会关系——这就意味着，一个人的毕生伴侣，应能满足他的所有社交需求。爱情对身份共享的要求比友情更高。只有很少的人觉得自己的朋友还有其他朋友是个问题，但很少有人能够接受自己的伴侣还爱着别人。友情要求的是你的一部分，而爱情要求的是你的全部。

谈爱情

爱情以独立且分离的个体为前提，而它的存在就是要攻克这种分离。据柏拉图的《会饮篇》记载，亚里士多德曾在一次演讲中提到，起初，世界上有雌雄同体的人类存在。他们有两张脸，一张男性的，一张女性的；还长着四条胳膊、四条腿[32]。然而，这种生命的力量太过强大，以至于威胁到了上帝的存在。因此，宙斯选择将它一分为二。

当这种生物被劈成两半时，每个一半都渴求着另一半，二者走到一起。由于太过渴望与对方合二为一，它们紧紧拥抱彼此，相互纠缠。由于它们不愿做任何会令彼此分开的事，饥荒来袭之时，它们逐一死去。其中一半死去后，另一半便会离开去寻找新的一半，并与对方紧紧相拥……[33]

亚里士多德说"二者不愿做任何会令彼此分开的事"，这种原始的理想形态，正是我们所共同追求的。只有达到如此完美的结合时，我们才会真的开心。然而，亚里士多德也意识到，这种理想形态是不可能实现的。因此他表示，我们必须努力去"找到那个性格合你胃口的人"，而非一味寻求"离自己最近的人"[34]。亚里士多德观点的基础是"这样的人性并不完整"。我们之所以必须让自我与他人相连，是因为自我并不完整。不论那两张脸、四条胳膊、四条腿的怪物有多荒诞,我们都需要直观地把握亚里士多德的观点:如果你与所爱之人两情相悦,你会感到自我也随之完整,就像你和他/她共同构建了完美结合。有人确信,爱情可以超越一切孤独。这种存在于世间的爱,将会超越其他所有情感,给予我们一种强大的归属感,这是其他已知事物都无法提供的。这种感觉类似于"迷醉",但会带给你现实之感——其他形式的"迷醉"不过是虚幻的空中楼阁而已。

亚里士多德的演讲中,提到了很重要的一点:可能有这样一个人,他/她是我们所有人的"理想伴侣"。如果我们能成功找到他/她,那所有问题就会如朝露般消散于暖阳下。然后你会发现,他/她不仅能满足你,还会补偿你缺失的生存意义。亚里士多德描绘的图景,等于强加给被爱者乃至整个爱情一个不可能背负的重担。如果你期待着某人能让你变得更完整,并与你共同构筑无缝隙的结合体,那相当于将对方置于绝望之地。从这一角度看,对方注定只有"失败"一条路可走。他/她将始终与你保持距离,作为"他人"存在。而那些沉迷于爱情的人,总是骗自己忽略这一事实。他人并没有义务确保你的生存意义。该观点中的另一根本问题,是它将爱情置于"可望不可及"的境地之中。因为能与你永远和睦相处的人,世间压根不存在。

你可能会反复告诉自己这样一个事实,直到死去的那一曰:"我有能力去爱,只是没找到对的人。"因为在你的脑海中,早已有了"所爱之人"的形象。你总是要求对方与那形象分毫不差。你会列出一长串的"需求标准",逐条比对,哪怕仅一条不满足都不行。然而,在现实世界中,你不可能遇到这样一个人,因为他/她不可能存在。如果你存在于世,却不曾找一个人来爱——并非因为被排挤、孤立或拒绝,而是你从未见过满足"标准"的真实存在之人——那么我们便可做出更准确的判断:实际上你并没有能力去爱任何人,因为你的爱情观已将真正的爱情排除在外。

在亚里士多德发表这一演讲后许久,"浪漫爱情的化身"——浪漫主义诞生。说到浪漫主义爱情,就不得不提阿伯拉❶和埃洛伊丝的爱情。由于和埃洛伊丝相爱,阿伯拉受她亲戚的陷害,惨遭宫刑。而埃洛伊丝则成为修女,在一所修道院度过余生。在两人的交往,特别是埃洛伊丝的书信中,我们能看到这种爱情的特质。在阅读她的书信时,那种"倾其所有"的爱情令人震惊:他们竟可为爱付出至此!阿伯拉就是她的全部[35]。在浪漫主义爱情中,被爱者认为"爱情大过天"。也许有人会问,倘若阿伯拉不曾遭遇陷害,他和埃洛

---

❶ 阿伯拉:即彼得·阿伯拉,法国著名哲学家、神学家。他擅长辩论与批评,因而一生都受到教会的敌视,其著作《神学》亦被烧毁。在巴黎主座教堂担任讲师时,他爱上了17岁的少女埃洛伊丝,两人秘密结婚并私奔,后生有一子。然而,为了让阿伯拉当上神学院的院长,埃洛伊丝被迫否认了这桩婚事。由此产生的误会,导致了两人的悲剧。

伊丝的关系将会如何发展——也就是说，两人白头偕老，共度此生，又当如何？在一成不变的生活中，阿伯拉还能始终如一地维持那神圣之爱的光辉吗？笔者对此深表怀疑。

在将爱情划归"浪漫主义"这方面，歌德❶的《少年维特之烦恼》起到了推波助澜的作用。在这部作品的序章中，维特写下了自由和独处带给他的快乐[36]。他找到了自己的内心世界[37]。然后，他邂逅了绿蒂，并陷入了对后者疯狂的爱恋之中。他渴望永远陪在绿蒂身边，因她对自己的每次触碰、每段言语狂喜不已。同时，他也阴郁地怀疑"绿蒂究竟爱不爱自己"，这让他备受煎熬。由于他将这段爱情看作自我存在的唯一意义，这种怀疑便更令他难以忍受。不出所料，他对绿蒂的爱从一开始就注定失败。哪怕维特的爱恋再狂野，终究还是胜不过他的自我。当维特说出"我的心只为我所有"时，他终于明白，无论在艺术还是爱情上，他都没有表现出足够的能力[38]。维特和他人相处得并不好，因为他总是对别人吹毛求疵。当然，绿蒂除外，因为那是他理想中的女神，是"圣洁之人"[39]。然而，绿蒂还是嫁给了阿尔伯特，这让维特难以理解——为什么她会爱上自己以外的人[40]？从本质上讲，即便在爱着绿蒂之时，维特还是无法从"自我中心"的

---

❶ 歌德：德国作家、思想家，德国最伟大的文学家之一，古典主义文学代表人物，著有《少年维特的烦恼》《浮士德》。其创作主张现实主义文艺思想，认为文学创作要"面向现实"。

囹圄中挣脱——阻止他的正是他的主观性。当被绿蒂"抛弃"的事实出现在眼前，这一主观性随之崩塌。最终，如大家所知，维特选择以自杀了结一切。重要的是，在这个故事中，让维特倾尽所有的绝非绿蒂，而是他自己。所以，维特的感情永远无法得到满足。就算维特没有自杀，他和绿蒂间的爱情也绝不可能圆满，他们亦不可能长期共同生活，因为绿蒂已心有他属。正因这段感情永远无法成为现实，维特才绝不会向"平庸无聊"的日常生活屈服。

令人惊讶的是，在众多家喻户晓的爱情故事中，大多在诠释"坠入情网"，描写"长相厮守"的实在太少。如果罗密欧和朱丽叶双双活了下来，两人顺利成婚并相伴至中年，他们间的生活会是什么样？他们的感情还能像当年那般炽热吗？原著中，他们在某个夜晚先后殒命，所以这个问题没有答案。电影《泰坦尼克》（$Titanic$）也是一样。如果那艘巨轮未撞冰山，而是安全完成了从南安普顿到纽约的航程；抑或船虽然沉了，但露丝和杰克双双获救，那么"大小姐"露丝和"穷小子"杰克又会过着怎样的生活？当时，因为感情进展得太过迅速，所以他们没有考虑过日常生活中的种种问题，比如，其中一人的怪癖——从臭烘烘的袜子到对方难以忍受的饮食习惯——都可能会激怒对方。坠入情网是爱情的重要组成部分之一，但并非爱情的全部。正如海德格尔所发现的那样，爱情不只让人盲目，有时它还能让我们看到未入情网时看不到的东西[41]。然而，我们同样可以认为，坠入情网的人只能看到某一个点，也很片面，因为他们仅了解和关心所爱之人的某些方面而非全部。与坠入情网相比，爱情本身延续的时间要更长。在这段时间里，我们对爱人看法的复杂度更是全然不同。那些脍炙人口的爱情故事，只是局限于诠释爱情中某个极小的点，也就是它的起点——可能是尚未开始，抑或是刚好开始。不过，"坠入情网"诠释了爱情本质中的浪漫部分。这些故事无疑讲述了爱情开始时的美好，却没有告诉我们它是如何展开的。

犬儒主义与怀疑主义

犬儒主义❶是极致理想化爱情的对立面。比如,在美剧《广告狂人》❷(*Mad Men*)的第一集中,唐·德雷柏对他的爱人说:"你口中的爱情,是像我这样的人为了卖尼龙而捏造出来的。你独自来到这个世界,又孤身一人死去。而这个世界之所以用如此多的规矩束缚你,正是为了让你忘记这一事实。"在"宠物店男孩"❸乐队的歌曲中,类似的犬儒主义也得到了完美诠释:

你突然离开却成我之美,
你让我认清了眼前现实。
……
是公然炫耀的荒谬之词。
你不会看到我手捧玫瑰,

---

❶ 犬儒主义:西方古代哲学学说之一。其主张放弃物质及精神上的享受,摆脱一切世俗利益,去追求纯粹而具有普遍性的善。现代犬儒主义则主张对他人言语及行为的动机抱持怀疑态度,通过不相信来确立合理性,认为相信是种病态。

❷《广告狂人》:美国 AMC 公司出品的年代剧,讲述了 20 世纪 60 年代美国广告人的生活。该剧已于 2015 年完结,共 7 季 92 集。

❸ 宠物店男孩:英国双人演唱组合,成立于 1981 年,长于电子风格。

言之凿凿立下效忠之誓。

对我来说爱情一文不值。

然而，这首歌中所诠释的犬儒主义并非真正的犬儒主义。为了摆脱恋人离开后的绝望，他才对自己这样说。如果这份爱只是幻觉，他遭受的打击绝不会如此惨痛。然而，他在这首歌中也承认，除非"你回到我身边"，否则自己的爱情观将始终如此。

犬儒主义认为上述爱情是不可能存在的，那不过是有特定作用的幻觉而已。但爱情怀疑主义可不像犬儒主义那样，总抨击爱情"不可能存在"，而是一直对爱情报以怀疑的态度[42]。所谓爱情怀疑论者，就是那些永不承认自己会被他/她真心所爱，或是两人因灵魂相交真心相爱的人。在德莱顿❶翻译的卢克莱修❷作品中，我们找到了这样的段落：

他们抱持空虚，于心之海岸线徒劳航行。

只因无法刺穿躯体之壁，也不能将其抛弃。

---

❶ 德莱顿：英国诗人、剧作家、批评家。因终生为皇室写作，被封为"桂冠诗人"。在英国古典主义盛行时期，他为英国古典主义戏剧的发展贡献良多。他著有《一切为了爱情》等名作。

❷ 卢克莱修：古罗马诗人、哲学家，伊壁鸠鲁学派学者，著有长诗《物性论》。

……

他们试遍所有,却未证明一物。

一切都是为了,治愈缠绵爱情下的隐秘痛楚。

W.B.叶芝❶ 强调,这段文字是对性这一存在的最好诠释,并表明"性交的最大悲剧,便是彼此灵魂的永恒贞洁"[43]。

我们每个人都会感受到类似的怀疑主义,或是怀疑别人,或是被别人怀疑。怀疑主义的怀疑,不只是怀疑某人不知何故背叛自己或不够诚实;还有在不论对方的意图是否积极的情况下,愈加怀疑真爱存在的可能性。想想詹姆斯·乔伊斯❷ 的短篇小说《死者》(*The Dead*)吧。主人公加布里埃尔的爱人格蕾塔在听到一首歌后失声痛哭。他问她为什么哭,她说,在他们相识前很久,她曾爱过一个男孩,而他就唱过这首歌。那个男孩17岁时就因她离世了。这让加布里埃尔深受触动:尽管两人秘密生活的回忆,及其承载的温柔、欢乐与渴望,始终充盈着他的内心,可一直以来,在格蕾

---

❶ W.B.叶芝:爱尔兰诗人、剧作家、散文家,领导了20世纪爱尔兰文艺复兴运动,著有《盘旋的楼梯》《钟楼》等作。他的写作风格多变,早期受浪漫主义影响,华丽如梦。后期涉足政治,作品转为现代主义风格。

❷ 詹姆斯·乔伊斯:爱尔兰作家、诗人,被誉为"后现代文学的奠基人之一"。他的"意识流"风格影响着一代代作家。他的作品天马行空、结构复杂、晦涩难懂、语言特立独行,代表作《尤利西斯》堪称20世纪最伟大的小说之一。

塔的内心深处，还是会拿自己和另外一个人相比较[44]。对于始终将格蕾塔视作唯一的加布里埃尔来说，这无疑是沉重的打击。他不禁想到，那个坚信格蕾塔便是唯一的自己是如此荒谬。于是他开始怀疑格蕾塔是否真的爱着自己，是否会仅出于责任感就离他而去。他怀疑她始终对那个死去的男孩念念不忘——那家伙才是她真正爱着的人。这一极端例子说明，"一人必须是另一人的全部""两人可共同进入某个无缝隙统一体"，类似这样的想法，让爱情变得不可能。毕竟，在认识你之前，对方有着自己的生活。一个人不可能在没有过往存在轨迹的情况下与你合二为一，他/她也会有你可能永远无法满足的想法或情绪。我们必须要承认这些事实。

特别值得一提的是，查尔斯·波德莱尔❶和阿格纳·米克勒❷给出了更多的例子，来证明"爱情是两人合二为一"这一观点是错误的。波德莱尔用散文诗《穷人的眼睛》（*The Eyes of the Poor*）来解释这一问题。这首诗讲述了如下故事：傍晚，主人公和恋人在一间咖啡馆约会。他们确信彼此

---

❶ 查尔斯·波德莱尔：法国诗人，法国象征主义诗歌奠基人之一，西方现代主义文学的先驱，著有《恶之花》《巴黎的忧郁》等作品。他认为"丑恶经艺术表达可化为美"，对诗歌进行了创新，展现了人性的阴暗面。

❷ 阿格纳·米克勒：挪威作家，于二战时期开始写作，著有《红宝石之歌》《繁星》等作。

心意相通，灵魂亦融为一体。他们面对繁华的大街而坐。街上，一位四十多岁的穷苦人，带着他的两个孩子，默默注视着咖啡厅。他们视线中的欢愉与艳羡，让主角深受其扰。对比这一穷苦家庭的窘迫，主人公为自己的富庶深感羞耻。他转向恋人，凝视她镜般的眼眸，想看到自己的想法映于其中。可她却大喊道："我忍不了这些人了，他们眼睛睁得这么大，就跟谷仓门似的。你能让服务员把他们撵走吗？"主人公这才慨叹道：一个人永远无法真正了解另一个人[45]。在阿格纳·米克勒的短篇小说《繁星》（*Stjernene*，意同英文 star）中，有个男人为了体验世间的极致痛苦，打算去杀些小猫。然而，他面对的最大阻力，竟是妻子那近乎冷漠的镇定：

> 他目瞪口呆看着妻子，惊恐逼迫他紧抓自己的胃。女人到底是什么样的生物？她到底是什么样的生物？过去十年甚至二十年，他一直相信，自己的妻子是世间最甜美且通情达理的人。可现在，她却如屠夫般冷酷无情[46]。

在米克勒的小说《红宝石之歌》（*The Song of the Red Ruby*）中，阿斯克·伯雷福特就曾得出这样的结论——爱情是件孤独事。总有这样一个人，让你觉得自己终会与之融为一体，共建二人世界。然而，当你意识到现实中的他/她并非如此，当二人世界崩塌，"想象中的他/她"与"真正的他/她"之间的反差，犹如一道深渊横亘在你与他/她之间。

此时,这种孤独感便会找上门来。

另外,列夫·托尔斯泰❶的短篇小说《家庭的幸福》(*Family Happiness*,1959)以年轻女人玛莎的视角为主视角,讲述了她与中年男人谢尔盖之间的故事。玛莎逐渐爱上了谢尔盖,她相信他们俩心意相通,仿佛是同一个人。在蜜月期,玛莎与谢尔盖的用餐时间,总是充满欢笑与信任。但仅仅两个月后,她便感受到了孤独,因为谢尔盖内心中的某处,似乎并未对自己开放[47]。不仅如此,这种关系开始让玛莎厌烦。她认为,相比陷入情网时的狂喜,爱情的平凡日常实在是缺乏激情。为了排遣无聊,玛莎开始混迹于上流社会。但无聊的茶会和晚宴,同样提不起她的兴趣。由于对彼此的不满日益加深,谢尔盖和玛莎决定分居。尽管他们仍住在同一屋檐下,尽管他们已有了两个孩子,但却不愿再靠近彼此一些。

当他们返回玛莎的儿时住所,也是两人关系开始之地,事情才有了转机。玛莎开始思考,事情究竟是如何发展到今天这一步的。她认为,杀害两人间感情的元凶,正是他们自己。当玛莎把这些告诉谢尔盖时,他答道,旧日爱情之所以死去,是为了给新生爱情的到来铺路。所以,他们两人都不

---

❶ 列夫·托尔斯泰:俄国批判现实主义作家、思想家、哲学家,著有《战争与和平》《安娜·卡列尼娜》《复活》等作品。其作品充满史诗感,有着大量对人性的思考,同时兼具乌托邦精神,是历史史实和虚构故事的出色结合。

应受到责备，因为从某种意义上讲，这是不可避免之事。这一准确的认识，让谢尔盖和玛莎重新走到一起，新的爱情得以出现。当然，这种爱情与初入情网时截然不同。我们不能让这托尔斯泰笔下的故事成为每段爱情的范本——毕竟，对当代读者来说，这个结尾会让他们觉着，谢尔盖和玛莎间的爱情太过冷静和"成熟"——不过，它还是给了我们很多启发，这些启发对世间存在的所有人际关系都适用。《罗密欧与朱丽叶》以及其他类似的故事，都描绘了坠入情网的美好。不过，若是罗密欧与朱丽叶并未在那晚双双殒命，而是最终成婚，那么，谢尔盖和玛莎间如此现实的爱情，完全可以被视作罗密欧与朱丽叶故事的延伸。它不仅诠释了爱情的理想形态，也展现了爱情的现实形态。随着时间的流逝，为了让爱存在，我们必须要建立新的基础。

爱情、友情与认同

当你坠入情网时，会感受到一种完美的结合。然而，与你构筑这一结合的人，并非全然了解你。相对地，你也并非了解他/她的全部。随着时间的推移，你们的关系逐渐发展，你会发现，对方与初见时完全不同，而对方亦有如此感觉。当然，在交往过程中，你会发现两人间也会有意想不到合得来的地方。原因在于，你自我中的某些侧面，在一开始并没有展现出来。而这"合得来"构筑了起初的和谐。但令人痛苦的是，之后这些性格特征同样会破坏这种和谐，也会破坏那完美无瑕的柏拉图式结合。实际上，柏拉图式的结合是一种虚幻存在。诚然，真正的爱情是一种共存关系，是两人的完美结合，但它绝非天衣无缝，也允许"相异"存在。事实上，每段爱情中都包含痛苦和失望，如果两人想要将感情延续下去，就必须克服它们前行。问题在于，我们究竟是把这些困难看作爱情逝去的标志，还是爱情升温的基础。爱情领域的结合，总是包含了两种不同的孤独。当你沉浸于爱情构筑的统一体，并眼睁睁地看它在现实中衰落或崩塌，你就会脱离现有的爱情，转而去寻找新的爱恋——与之前一样，它终将被更新的爱恋所取代。然而，无论在怎样的爱情中，你都永远无法真正了解他人，而他人也不能真正了解你。有些选择也许可以减轻我们的孤独感：令这柏拉图式的结合让位给其他事物。尽管它们仍可能带给我们孤独感，但却为你与其他孤独者的邂逅提供了完美场所。

　　我们已经意识到，在生活中，友情和爱情究竟有多么重要。因为它们可以帮助我们摆脱孤独的威胁。但我们还要谨记，无论友情还是爱情，都不可能完美实现。在友情和爱情中，过于理想化是不可取的。因为它会让你执着于某种理想概念，仿佛不达到这样的高标准，便算不得真正的亲密关系。然而，这种社交完美主义在孤独者中更为常见。孤独者认为，世上没人爱他们，也没人愿意和他们做朋友。孤独者之所以会产生这种想法，原因可能在于，他们对友情和爱情有着太多不可能满足的要求，而非没有爱上他人或与他人交朋友的能力。

　　你一生都渴望着友情和爱情的到来。你想去关心他人，也希望有人能关心你。关心他人这一行为，给了这个世界存在的意义。通过这种关心，你才能成为一个真正的人[48]。你关心的正是你自己。如果你对什么都漠不关心，那你也什么都不是。如果你只关心你自己，那么你会陷入一个空循环中。你渴望"被需要"。世上有很多人，让你觉得可以"平等待之"，而你所渴求的，也正是他们的认同。

自我认同感并非根植于自我之中,也非与他人割裂开来,相反,和他人的交往,与这种认同感密切相关。这就是当你在交往中受挫时,自我认同感也会深受打击的原因所在。失去某些人际关系,你只会是个"劣质版"的自己,因为你自我的核心部分还是尚未开垦之地。最终,对于"我是否该和X成为朋友""我是否该与Y结为情侣"这两个问题,答案只有一个:X和Y可以让自我变得比其他情况下更好。因此,我们可以认为,利己行为的动机时常有爱情和友情陪伴。但有一点也很重要,最好的你由很多部分组成,其中之一便是在不考虑自身利益的情况下,竭尽全力帮助别人的意愿和行为。友情和爱情都以"认同感的共享"为前提条件。"我究竟是谁?"这一问题在很大程度上取决于"我与X是朋友,我与Y相爱"。当我思考"自我"时,"自我"中也包含着"我们"。这同样意味着,与个性相比,友情和爱情会引导你进入不同的成长方向。

卡尔·雅斯贝尔斯❶哲学的核心便是孤独。他写道:"成为'自我'意味着'孤身一人'。"[49]那些总说着"自我"的人,会与世界保持一段距离,并以它为半径、自己为圆心画一个圆。研究孤独其实就是研究"自我"。有人存在的地方

---

❶ 卡尔·雅斯贝尔斯:德国存在主义哲学家、精神病学家。他强调个体的独一无二和自由,曾提出著名的"轴心时代"命题;著有《存在哲学》等作品。

才会有孤独。然而，若是有人存在，必然会产生对"独自一人"的渴望（伴随着对独处的渴望），以及被"独自一人"折磨的痛苦（伴随着摆脱孤独的渴望）[50]。人的内心总怀有某种矛盾的想法：既盼望享受独处的平静，又期待与他人分享深深的归属感。雅斯贝尔斯眼中的孤独，与"想要远离他人"的意识密切相关。相应地，它也与我们的交际能力有着密不可分的联系。在众多的孤独者中，只有那些成为"自我"的人，才能与他人交流。而那些缺少交际能力的人不会感到孤独，甚至不会成为"自我"[51]。因此，所有人都面对着一个必须要完成的任务：在不失去自我的情况下，通过人际交往克服孤独。而人际交往的特征之一，便是"在孤独者群体中作出的绝望尝试"[52]。按雅斯贝尔斯的说法，能够让个性和归属感共存的，只有一种体验：在一段爱情中，两人平等对待对方，并可以在同一水平交流。同时雅斯贝尔斯也注意到，这样的爱可谓凤毛麟角——它远比现实更为理想化。

如果雅斯贝尔斯所说的爱情，真能成为根治孤独的良方。那么我们就可以认为，与真实世界的某些可认知之物相比，这种爱情要更加理想化。然而，还有这样一种爱情，它并非那般稀有，却可以极大程度地消除孤独，哪怕置身其中的人偶尔也会有孤独之感。但是，这种爱是没有保证的。即使你在与某人的交往中获得了极强的归属感，强到你想象不出其他感觉是什么样，但人际关系还是处在变化之中，因为关系中的人们本就在不断变化。而且，即使你在交往中获得了极强的归属感，也一定要重视这样一个事实：你与对方之间总是存在距离，孤独始终在威胁着你们。

那些谈论爱情本质的理想化故事，引导我们误入歧途，也让我们更难意识到这样一个事实：不论犬儒爱情论和怀疑爱情论如何叫嚣，爱情确是真实存在之物。但是，倘若你建立了一种爱情，它的标准高到无人可及，那么你对爱情的需求将不可能得到满足。你只能作为孤独者存在。唐·德雷柏和其他犬儒主义者是对的：人们一生都会深陷某种形态的孤独之中，然而，这种孤独又会与其他形态的孤独不期而遇，那时你就没那么孤独了。按里尔克的话说：在两个孤独者彼此提防、划清界限和相互致敬的过程中，我们可能会看到爱情的火花迸发[53]。

第六章 个人主义与孤独

过去几十年间,社群经历着悄无声息的衰落,但这一衰落极具欺骗性。我们发现,社群不仅使我们的私生活上遍布紧张的缝隙,还导致了公共生活的降级。但谈及最严重的后果时,我们对拼图游戏的回忆便会被唤醒:图上究竟少了什么?这后果到底在哪儿?是弱化的社会资本,还是显露在那些几近消失不见的事物上——比如邻里派对和朋友聚会、陌生人直率的善意、追求集体利益而非个人利益……

《独自打保龄:美国社区的崩溃和重生》
(*Bowling Alone: The Collapse and Revival of American Community*)

(美)罗伯特·D. 帕特南 ❶

---

❶ 罗伯特·D. 帕特南:美国政治学家,公共政策教授。他的研究将社会资本从个人层面上升至集体层面,著作《独自打保龄:美国社区的崩溃与重生》解读了20世纪60年代美国资本以及美国人际交往的崩溃。

第六章 个人主义与孤独

上面的段落引自帕特南写于 2000 年的文章。文中所描绘的当代社会，是基于新社会科学人的标准叙述，即在当代社会，个人主义至上是导致我们变为孤独的享乐主义者或自我主义者的元凶。但这种说法对吗？难道孤独总是在现代及晚期现代的个体周围徘徊吗？

什么是自由个体？

乌尔里希·贝克❶曾写道："对发展完善的现代化社

---

❶ 乌尔里希·贝克：德国社会学家，主要研究"风险社会""第二次现代化""全球化社会学"等问题，是上述概念的创始人。他被看作当代社会最伟大的思想家之一。

会来说，个人是基本元素。"[1] 当然，你要是愿意，把"个人"说成"个体"也没问题。自由个体这一存在贯穿于历史长河之中，然而，笔者为什么要用"自由"形容个体呢？原因很简单，因为个体总是关心自由问题，甚至认为自己理应得到自由的权利，比如自由表达权、财产权、隐私权等。在约翰·斯图尔特·穆勒❶对浪漫自由主义的阐述中，上述基本思想已十分成熟。按照穆勒的设想，在我们每个人周身，都环绕着一个不可侵犯的边界[2]。

若想理解自由个体在社会中扮演何种角色，关键是弄清楚我们常说的"消极自由"究竟指什么。所谓"消极自由"，是指人们面前存在着诸多可选项，其中不仅有受人偏爱的选择，也有无法带来好处的选择[3]。在消极自由下，个体会认为，如果有人逼迫他做事，哪怕是他自愿完成的事，都是在破坏他的自由。不过，消极自由是一个空洞的概念，因为它的本质不过是"让尽可能多的选择呈开放状态"。它并没有说明哪种自我实现形式更好，而是建立了最为宽泛的自我实现框架，限制只有一条——如果一个人的消极自由要以另一个人的消极自由为代价，那前者的消极自由就不应存在。同时，

---

❶ 约翰·斯图尔特·穆勒：英国哲学家、经济学家、心理学家，其作品《论自由》对西方自由主义思想有着重大影响。在哲学领域，他创作的《政治经济学原理及其在社会哲学上的若干应用》一书，长时间影响着西方经济学教育领域。

自由个体不止渴望阿马蒂亚·森❶口中"自由的可能层面",还有自由的实际层面[4]。自由个体不仅会去追逐众多的人生目标,而且也希望自己能在仔细权衡之下从中选出一个来实现。因此,自由个体渴求着互不干涉的世界,能限制他选择范围的,只有掌握与他同等自由权利的另一个体。而且,自由个体并非纯粹的反社会者,他们只是希望能够自由地选择交际对象。自由个体认为自己是独一无二的、独立的,也是自决的。自由个体既渴望获得消极自由,也期望获得积极自由。积极自由的重点在于"依照自己的价值观而活"。这一概念已超过了"不干涉"的范围,有着控制并决定他人生活之意。

广为人知的是,格奥尔格·齐美尔曾对两种个人主义——定性个人主义和定量个人主义作出了区分。前者统治了18世纪,后者则从18世纪延续至今[5]。我们也可以将它们称为"启蒙个人主义"和"浪漫个人主义"。齐美尔认可康德的理论,将定量个人主义的基本特征定为"独立"。根据齐美尔的设想,定量个人主义中,个体不受任何规范的约束,除非他们自己要求这么做。然而齐美尔认为,这种认知并不充分,因为个体的满足感源于个体自身。正如齐美尔明确指

---

❶ 阿马蒂亚·森:印度经济学家,以助祖国脱贫致富为目标走上经济学之路。他在经济发展等领域颇有建树,尤以对饥荒原因的研究闻名于世。凭借在福利经济学与社会选择理论上的卓越贡献,他斩获了1998年诺贝尔经济学奖。

出的那样,我们只不过是将会拥有"个性",而非成为"个体"[6]。至此,另一种个人主义概念浮出水面。它强调的不仅是个体的定量分离,还有性质上的区别。在笔者看来,齐美尔夸大了"启蒙个人主义"的定量特征,而在康德的思考中,定性个人主义还有很多显著特征,如果在某个时间段内,人们觉得自己负有什么样的道德责任,这些特征就会要求人们根据责任感发展独一无二的个性。但与齐美尔比起来,尼采❶提出的定性个人主义更加丰富多样[7]。齐美尔不认为定性个人主义可以取代定量个人主义,而是相信它们可以同时存在,因为它们尚未合二为一。他还提出,在现代大都市的居民身上,我们也许能看到这两种个人主义的结合[8]。这些大都市居民有着广阔的自由空间,并在身体和精神层面与他人隔绝开来。这一事实让人们渴望"与众不同",即通过个人的特殊性,表现自己与他人的差异。

个体对自身有着极强的自我反思能力。这种自我反思存在于每个社会之中。在某些社会,人们并不太受那些告知"你究竟是谁"的传统的约束,这种自我反思就会变得很强[9]。个体必须依靠自己的经历建立认同感,而非默默接

---

❶ 尼采:德国哲学家、思想家、诗人,被誉为西方现代哲学的开创者。他对传统道德和现代理性持批判态度,提出"强力意志"和"超人哲学",对存在主义和后现代主义哲学的发展做出了巨大贡献。他著有《查拉图斯特拉如是说》《善恶的彼岸》等著作。

受强加的认同感。因此,个体必须要持续监督自己、保持自我的存在,并时刻对自我做出调整。

自由个体必须是"特殊的一个"。个人主义的出现,赋予所有人新的职责——塑造自我的职责。正如尼采所说:"你应成为你自己。"[10] 你不只要成为"个体",而且最好成为那种能"自己塑造自己"的自我。显然,这是不可能的。严格来说,根本就没有"自我塑造者"这种概念存在。在没有外部影响的情况下,没有人能将自我激发至极点。如若脱离人群,脱离那些在你尚未尝试定义自我时就急着给你定性的人,你将永远无法定义自我[11]。自由个体对世间万物和自我都有着丰富的成形看法。他们有自己的价值观和喜好,这些都无法独立于外部世界而形成。当然,从理论上讲,你的价值观和喜好都会发生变化,但前提条件是——必须要基于自身过往经历而变化。换句话说,一切自我转变都基于已存在之事物。所以,自由个体并非如他们想象中那般无拘无束。

乔治·赫伯特·米德❶曾指出,通过与他人自我的相互影响,我们建立了自我。因此,我们与他人的自我之间,区别将变得很模糊[12]。所谓自我意识,即有能力跳出自我之外,从他人的视角审视自己,换位思考。从这一角度看,自我其

---

❶ *乔治·赫伯特·米德*:美国社会学家、哲学家,创立了"符号互动论",即人与人之间的沟通以"符号"为媒介。

实是社交产物。我们要教会自我，以他人的视角感知自我的存在，也要通过与他人的交流来改变自我。同时，在与他人的交往过程中，自我还要保持某种程度的独立。

自由个体并非如他们坚信的那样——掌握自主权，在社会中无拘无束，拥有强大的自我驱动力。但他们也不会在社会中悄无声息地消失，不留下一丝痕迹。自由个体显然存在于社会之中，但由此产生的社会归属感，仍无法回答那个困扰他们的问题——"我该怎样生活？"社群主义哲学家们对此也表示认同。比如麦克尔·桑德尔就曾这样描述："作为一种可自我反思的存在，我能反思我的过往经历，据此让自我远离它。"[13]自由个体若想对一切行为规范问题作出终极决断，就必须依靠这种"自我反思"能力。在人际关系中，自由个体由于既渴望无限制的自由，又需要真实可信的归属感，因此会陷入矛盾之中[14]。显然，至少在我们把自由与独立等而视之（或抹除二者间的界线）之前，这种渴望不会出现。然而，正如我们将在之后看到的，自由个体似乎可以在实践中将自由和归属感联系起来。

如今，人们会为"个体"贴上"抽象实体"的标签。接下来，让我们看看在现实世界里，"个体"究竟是如何从抽象走进现实的。

独自生活

1949 年，人类学家乔治·彼得·默多克❶发表了一篇研究报告。该研究报告涉及不同年代和地域的 250 种文明。报告称，在上述所有文明中，核心家庭经过某些变化，最终成为具有统治力的普遍实体[15]。然而，默多克的观点遭到了一些人类学家的反对，他们认为人们会组成不同的社会群体，是一种新生活方式的体现。不过，默多克和反对他观点的人都承认，无论何时，无论何地，人们之所以要如此规划自己的生活，只是为了与他人一起生活。当然，他们也承认隐士和其他独居者的存在，但在其所处文明中，这些不过是个例。然而，社会学家埃里克·克里宁博格❷在其著作《独闯天下》（*Going Solo*）中提到，这一事实已发生了巨大改变。根据他强调的一些统计数据，1950 年，22% 的美国人是单身，9% 的家庭由独居者组成。时至今日，50% 的美国人是单身，23% 的家庭由独居者组成，还有 23% 的家庭由两个没有孩

---

❶ 乔治·彼得·默多克：美国人类学家，因对不同文化中家庭结构及亲戚关系的研究而闻名。

❷ 埃里克·克里宁博格：美国社会学家、文化学者，著有《单身社会》等作品，在公共社会学领域贡献卓著。

子的成年人组成[16]。比起其他居住方式，像是核心家庭❶ 或借住，这种方式更为普遍。在独居者中，女性要比男性更多。无论男性还是女性，倘若独自居住了一段时间，大概率会选择继续独居，而不是搬去与他人合住。其中，女性独居者比男性独居者更愿意选择继续独居[17]。三分之一的独居者是 65 岁以上的老人，且 35 岁以下的独居者的数量有了显著增长，几乎是 1950 年的 10 倍。同时，中老年独居者的数量也有了明显提升。根据欧盟❷的估算，2010 年，有三分之一的中老年人选择独居[18]。调查显示，大多数人给出的理由是，比起搬去与孩子同住，或是选择高级养老院，他们还是更愿意一个人住[19]。如果我们再去看看北欧诸国，会发现这里独居者的数据才是世界最高的：40%～50% 的家庭由独居者组成。然而，这种现象并非仅出现在西方世界。我们发现，中国、印度和巴西的独居者数量增长最快[20]。且从全球范围看，独居者的数量也正以极快的速度增长。1996 年，由独居者组成的家庭共有一亿五千三百万个，到了 2006 年，这一数量达到两亿零二百万个。

---

❶ 核心家庭：一对夫妇和未婚子女共同组成的家庭，其中子女与父母有无血缘关系皆可。

❷ 欧盟：即欧洲联盟，由欧洲共同体发展而来的组织，1993 年 11 月 1 日成立。

早在 1943 年，约瑟夫·熊彼特❶就于《资本主义、社会主义与民主》（Capitalism, Socialism and Democracy）一书中预测到了这种增长。他写到，在现代资本主义社会，家庭生活和父母角色已不再有如此之多的意义，所以会有很多人放弃为生活在家庭中做出牺牲，且这些人的数量会持续增长：

这些牺牲不仅包括了金钱超支带来的种种，还有诸多无可估量的损失：失去了舒适的生活、被家庭所束缚，丢掉了享受更有乐趣、更丰富多样生活的机会[21]。

熊彼特的预言最终成为了现实。

比起其他人，选择独居的人并不会更孤僻。事实上，哪怕你一个人住，也不见得比同他人住在一起的人更孤独。比如，独居者与朋友和亲戚间的联系，确实可能比同他人居住的人更频繁——举个例子，倘若一个人结婚了，他与朋友和亲戚交往的时间，肯定会比单身时少[22]。独居者一周会造访朋友一次以上，总是会作为社群一员参与社交活动，经常与朋友来个傍晚聚会；而拥有伴侣的人虽然也参与这些社交活动，但没有这般频繁。因此，"拥有伴侣的人比单身者和独居者有着更多的交际往来"这一观点是不准确的。我们或许可

---

❶ 约瑟夫·熊彼特：美籍奥地利裔政治经济学家，著有《经济发展理论》等作品。他主张"景气循环""精英民主"等理念，提出的"五种创新"更是为世人所熟知。

以这样理解：这两类人的社交程度相同，只是喜欢的社交形式不同[23]。

时至今日，独居者对社交的需求，要比与他人同住的人低。与后者相比，他们不会表现出过多对现状的不满，孤独者于其中的占比也不会更高[24]。考虑到诸多研究中都提到，独居者的孤独程度比与他人同住的人高，这一结果是令人惊讶的[25]。相信大多数人很快会想到：独居者人数的增长，将会导致孤独者人数的增长。然而，对孤独的实证研究可不是这么说的。在独居者人数飙升的现在，孤独者的人数却惊人地变化不大。

你孤独的原因，可能远比"你孤独"这一事实更为重要。你与那些宣称自己孤独的人有着怎样的关系，完全取决于你怎样看待对方的孤独。人之所以孤独，可能是自愿如此，也可能是被社会所排斥——也许前者是积极的，后者则是痛苦的。可以预见的是，孤独者人数不会因为独居者人数的增长而增多。独居是一种自愿选择的生活方式，这一事实也解释了孤独者的比例为何能够保持稳定。

深受孤独困扰的个体

很多当代文学作品,特别是那些广为流行之作,总给人这样一种印象:当代自由个体全都有着扭曲的灵魂。他们深受孤独、疏离、焦虑和沮丧的困扰。正如《大西洋》(*The Atlantic*)杂志中的某篇文章所写:我们承受着前所未有的疏离之痛。我们从未与他人如此疏远,也不曾如此孤独[26]。许多书籍都表明:我们正变得愈加孤立和孤独,而它们全都流行于世。马克思·韦伯❶认为,人们饱受巨大的内在孤独感之苦[27]。齐美尔则特别强调了生活在大城市的个体的孤独。在第二次世界大战后的社会学研究中,孤独本质上是当代社会的通病,个人主义则是导致所有罪行的罪魁祸首。其中,大卫·理斯曼、内森·格雷泽和鲁埃尔·丹尼的作品《孤独的人群》(*The Lonely Crowd, 1950*)便是颇具影响力的作品之一。跟随它的脚步,大批效仿者相继诞生,比如万斯·帕卡德❷的《陌生人国度》(*A Nation of Strangers*,

---

❶ 马克思·韦伯:德国社会学家、政治学家、经济学家、哲学家,被誉为"组织理论之父",是现代社会学三大奠基人之一,著有《古犹太教》等作。

❷ 万斯·帕卡德:美国社会批评家、作家,著有《隐形说客》等作。

1972）、克里斯托弗·拉什❶ 的《自恋主义文化》(Culture of Narcissism, 1979)。1995年，罗伯特·帕特南发表了题为"独自打保龄：美国社区的崩溃与重生"的文章，5年后，同名图书得以问世。2009年，杰奎琳·奥尔德斯❷和理查德·S.施瓦茨❸撰写的《孤独的美国人》(The Lonely American)出版上市。到了2011年，雪莉·特克尔❹的《群体性孤独》(Alone Together)面世。这些图书的影响极大，甚至从学术圈延伸到了广大公众之中。尽管书中的代表性数据均取自美国，但人们还是认为，它们对整个西方世界产生了极为重要的影响。

在关于"孤独"的社会研究文学作品中，最为典型的认识为：当代个人主义是导致孤独产生的主要原因。这一想法最早出现于19世纪30年代，亚历西斯·德·托克维尔对美国的研究[28]。如今，弗朗西斯·福山对当代社会可悲状态的

---

❶ 克里斯托弗·拉什：美国历史学家、伦理学家、社会批评家、学者，罗切斯特大学历史教授，著有《自恋主义文化》。他以犀利的文笔抨击当代美国文化，其作品被视作对当代美国文化的控诉。

❷ 杰奎琳·奥尔德斯：精神病学家，现居住在美国马萨诸塞州剑桥镇，与丈夫理查德·S.施瓦茨共同创作图书。

❸ 理查德 S.施瓦茨：精神病学家，杰奎琳·奥尔德斯的丈夫，与妻子共同创作图书。

❹ 雪莉·特克尔：美国麻省理工学院社会学教授，哈佛大学社会学和人格心理学博士，被誉为"技术领域的弗洛伊德"。

第六章 个人主义与孤独

哀悼，与上述观点完美地融为一体：

> 个人主义文化的第二个问题，是它终将以失去社交为结局。偶然相遇的人们，可能会彼此交流，但这不一定是社群。真正的社群是靠成员们共有的价值观、公认的准则以及共同的感受构筑而成的。社群成员对共有价值观相信得越深，抱持得越用力，社群感就越强。然而，个人自由和社会交际只能二中取一，但很多人似乎既没有看透，也觉得鱼与熊掌可以兼得。当人们从配偶、家庭、邻居、工作、宗教等传统关系中挣脱出来时，他们仍期待保有这些社会联系。但他们已经意识到，那些让自己随意进出的紧密关系，最终却让他们感到孤独或迷惘，因而开始渴望更为深刻、持久的关系[29]。

近年来，由于提出了类似的"诊断"，有位社会学者获得了人们的高度关注，他就是帕特南。他认为，拒绝他人加入"保龄球联赛"，是社交网络已被普遍腐蚀的象征。反过来，它也会导致社会资本被腐蚀。他承认，美国人一直在加入各种各样的组织，与他人的交流也比过去更频繁。然而，他们缺少"与真正的人的真正连接"[30]。帕特南的文章《独自打保龄》乃至同名图书受到的关注，远比那些与他结论相悖的研究多[31]。根据帕特南对各个组织的研究，虽然这些组织的会员人数有显著下降，但这些人并没有彻底离开，而是加入了其他组织，导致其他组织的会员人数有了增长。在现实中，组织内的会员人数有着明显的稳定性。帕特南研究了很多组织,发现它们的数量显著下降。然而,这一事实能带给我们的推论十分有限。理由很简单,因为这些组织很可能已经过时,抑或被其他组织所取代。在针对美国社会资本展开的最新研究中,尽管有些结果涨落不一,有些偶尔会出现上升的情况,但也没有多大的变化[32]。只有帕特南发现了社会资本的下降。基于这一发现,他笔下的未来图景,呈现出灰暗的色彩:"公共生活的退化""社会资本的弱化"以及"独自寻求私有物的公民"[33]。

事实上,我们几乎没有支持帕特南的理由。克劳德·S. 费希尔❶曾详细证明了,自1970年以来,在美国,人际关系的"质"和"量"都没什么变化[34]。当然,这段时期内也发生了许多转变,比如人们更愿意独处、晚婚、亲戚也更少,等等。但从本质上看,人们的社交活跃度与以往相比并无不同。认为自己被社会所孤立的人,其数量几乎没有改变。然而,费希尔指出了一个重要变化:虽然大多数美国人加入的组织数量,和之前没什么不同,但他们在组织里却不如以往活跃[35]。他们似乎认为,虽然自己仍是会员,但与组织的联系却没那么紧密了。

有篇文章曾提到,1985年至2004年,在美国人中,没

---

❶ 克劳德·S. 费希尔:美国社会学家,加州大学伯克利分校社会学教授。早年专注于现代社会心理学研究,最近主要研究电话在早期社会中的地位与应用。

有能谈论重要之事朋友的人，数量翻了两倍，占总人口的四分之一[36]。很快，这项研究就受到了诸多大众媒体的关注，许多相关研究纷纷引用其中的数据。然而，该文作者自己的观点却受到了冷落。原因在于，作者对自己的研究结果表现出不确定，还写道：研究中涉及社会孤立的调查数据可能太高了。费希尔强调，这项研究的发现，与该领域的所有研究有着剧烈冲突。由于该研究使用的方法论漏洞太大，导致根本得不出社交网络已被腐蚀的结论[37]。

另外，"个人主义的增强必将导致孤独等级的提升"的说法也是不可信的。的确，有些研究认为，个人主义社会比集体主义社会的孤独等级更高[38]。但是，大多数研究的结论则完全相反：比起个人主义社会，在集体主义社会中，罹患孤独的人要更多[39]。比如，像意大利、希腊和葡萄牙这样的南欧国家，孤独等级就很高。东欧国家的孤独等级普遍比西欧国家高[40]。作为极端集体主义国家的代表，日本的孤独等级堪称世界上最高的那一档。此外，在集体主义国家，家庭关系的缺乏对孤独的产生起着重要作用。而在个人主义国家，其重要性会大打折扣。相对地，在个人主义国家，友谊的缺乏才是孤独的重要诱因；可在集体主义国家，它就没那么重要了[41]。不过，在一项针对家庭关系满意度的调查中，来自31个国家的13000名学生的调查结果显示，集体主义国家和个人主义国家间并没有太大区别[42]。因此，"现代个人主义导致了更高的孤独等级"这一论断,并没有得到多少实证支持。

　　自由个体似乎很好相处。大多数情况下,他们都不缺少社交网络。但他/她也认为,全然自由和归属感是永远不可能结合的。我们可以试着给出结论:自由个体与他人的交往都比较浅,所以义务感也很低。可能有人会想,这意味着自由个体在情绪上更脆弱,可他们的社交孤独并没那么严重。但同样没有证据表明,罹患情绪型孤独的人数在近年来有显著上升。在社会孤独这方面,毋庸置疑的是,自由个体属于社交生物,但他们会主动选择究竟与谁交际。自由个体显然有着自恋倾向,但他们并不在乎他人的眼光[43]。大体上讲,自由个体的内心有着诸多矛盾,且能很好地管理这些矛盾。

孤独与社交媒体

数不胜数的文章与书籍都曾警告我们，倘若仍如此热衷于使用社交媒体，必将招致严重后果。按休伯特·德莱弗斯❶的说法，互联网将使我们彼此孤立，从而削弱信任感、责任感和义务感[44]。雪莉·特克尔诠释了社会媒体是如何让我们"一起孤独"（*Alone Together*）的[45]。而最为悲惨的描述，当属艾萨克·阿西莫夫❷的科幻小说《赤裸的太阳》（*The Naked Sun*, 1957）。书中，人类就像是索拉利亚行星上的居民。在索拉利亚行星上，人们大多独自生活，顶多有个伴侣。因为他们从出生开始就不与他人接触——即他们口中的"看"。索拉利亚星人更喜欢"观察"，即借助视频与他人进行远距离交流。

一项对互联网的早期研究预言，互联网的广泛使用会带来负面影响，并导致更多的人罹患孤独[46]。多年后，参与这

---

❶ 休伯特·德莱弗斯：美国哲学家，加利福尼亚大学伯克利分校哲学教授，以对海德格尔思想及作品的精准解释闻名。

❷ 艾萨克·阿西莫夫：美国科幻小说家，被誉为"史上最伟大的科幻小说家之一"，曾多次斩获"雨果奖"和"星云奖"等科幻界重要奖项。他在《我，机器人》中提出了"机器人三定律"，这为机器人学奠定了基础。他一生创作了近500部作品，"银河帝国"三部曲、"机器人"系列、"墓地"系列均为传世经典。

项研究的研究人员跟进了上述研究。可他们却发现，之前他们假设的诸多负面影响均未出现[47]。相对地，互联网使用等级的提升，反而提高了主观幸福感和社交等级。后来，许多研究报告也对这一结论作出了扩展[48]。这些研究报告的作者们对互联网的使用情况进行了实证研究，结果显示：人们大多利用互联网与家人或朋友保持联系，或是扩展自己的社交网络[49]。活跃于社交媒体的人，在现实世界的社交活跃度会更高。同时，他们还有着更大的社交网络，并加入了更多的志愿者组织[50]。所以，社交媒体似乎会让人更愿意与外界交流，而不是相反。一般说来，如今我们与朋友和家人间的联系远比过去多。

有人曾对2000位挪威的年轻人及成年人展开了3年多的研究，结果显示：使用社交媒体的人会有更多的朋友，也会更多地与他们进行线下聚会[51]。这一发现说明，社交媒体并没有取代其他的社交形式。但同时，有些使用社交媒体的人表示，他们比不使用社交媒体的人要更孤独。这似乎可以说明，社交媒体会使孤独感提升。而且，根据前面的研究结果——使用社交媒体的人更愿与外界交流，我们更有理由假设："这类人有着更高的社交需求，所以更易遇到需求无法满足的情况。"此外，孤独者要比不孤独的人更为频繁地使用网络[52]。有些研究发现，孤独者使用完社交媒体后会变得更为孤独[53]。但我们不能据此认为，社交媒体是引发孤独的元凶之一。因为在社交媒体爆炸性发展之时，孤独者的比例并未增长。

上述结论也许会让某些人抱怨，觉得现代人太过热衷于社交——孤独再也无法侵犯人们，人们被迫要在长期社交中度过一生[54]。社会学家道尔顿·康利❶研究得更为深入。他认为，个体正在被"多重个体❷"所取代。"多重个体"已渗入社交网络各处[55]。显然，这似乎有些夸张了。但其中的关键在于，大多数人已不再像以前那般受困于社会孤立——正相反，我们变得社交过度了。因此，自由个体的孤独问题可能不是过度孤独，而是他们太愿意投身社交，导致缺乏独处时光。

---

❶ 道尔顿·康利：美国社会学家，普林斯顿大学社会学教授。

❷ 多重个体：原文为 intravidual。对个体来说，他们拥有某个固有自我，其价值观、选择、行为都依据这一自我的引导而产生。而多重个体拥有多个自我，在不同的环境中，对应的自我会主导其行为。对他们来说，办公室和家里并没有什么不同，因为针对不同的环境，有着不同的自我。

第七章 独处

若妻安然入睡,
凯瑟琳和小宝贝,
正与周公约会。

太阳犹如白焰圆盘,
身陷厚重迷雾彼岸,
俯视树冠斑斓璀璨。

若我置身南房,
赤身起舞,荒诞异常,
看向镜中,自我模样,
高举衬衫,旋转八方,
对着自己,温柔歌唱:

"我孤独,很孤独,
生来便孤独,
所以才是最棒人物。"

若我倚在艳阳描绘的阴影边,
赞美我的胳膊,我的脸,
我的肩膀,我的侧腹,我的肚脐眼,

谁又敢说,
我不是家里最快乐的一员?

《俄罗斯舞曲》(*Danse Russe*)
(美)威廉·卡洛斯·威廉姆斯❶

---

❶ 威廉·卡洛斯·威廉姆斯:美国诗人。他认为诗歌不应拘泥于传统形式,也不应加入不必要的引喻,而是应描绘世界本真的模样。玛丽安娜·穆尔曾评价他的诗为"语言平实到猫狗都能读懂"。其著有《荒原》《佩特森》等作品。

第七章 独处

到此，本书一直将重点放在孤独上。由于孤独感太过痛苦，所以人们都愿意避开它。然而，孤独还有另一种形式，一种积极的形式。由于它对我们的生活大有价值，所以我们乐于寻找它的存在。关于孤独的作品大多是挽歌，但许多诗人和哲学家却向"它"投以赞美。显然，他们赞美的并非真正意义上的"孤独"，而是独处。较之独处，孤独的定义要模糊许多。孤独的实质是某种缺陷，而独处还承载着各种各样的体验、思考和情绪。本质上，孤独含有某种痛感或不适感。而独处不承载任何一种特定感情——虽然它会给人以积极之感，但从情绪的角度看，它还是中立的。

有人认为，那些陷入孤独的人，自然不需要独处。然而，孤独和独处实际上并不相互排斥。有人可能确实需要独处，但也承受着情绪孤独或社交孤独的折磨。相反,有人不曾承受上述孤独之痛,对独处也没什么需求。但那些为孤独所困的人,不会特意去寻找独处的机会[1]。

间或产生的独处需求,更像是人类的一种普遍特征——无论如何,自童年结束,它便伴随我们左右。本书第三章曾提到,在各人生阶段,青春期是孤独的高发期。在孩提时代,我们开始有了对独处的需求。但在我们的人生中,还有这样一段时光——对那时的我们来说,独处的意义甚至比孩提时代更为积极。7岁的孩子中,很多都不明白"独处"是什么意思,但12岁的孩子很少有不知道的[2]。在青春期初期,孩子们开始渴求更多的独处时光,并自发地寻找可供独处的环境。随着时间的推移,曾在该年龄段主动独处过的孩子有着更强的社会适应能力[3]。

古往今来,在哲学领域,围绕"独处是积极还是消极"的争论一直是主要课题。马库斯·图留斯·西塞罗❶写道,人类是为社交而生的物种。因此,独处与人类本质冲突[4]。按照西塞罗的说法,致力于独自探索真相,却弃社会责任感

---

❶ 马库斯·图留斯·西塞罗:古罗马政治家、哲学家、演说家。作为古罗马最为全面的学者之一,他在多个领域都作出了广泛贡献。在哲学领域,他翻译了希腊哲学术语和诸多希腊哲学著作,为古罗马引入了哲学。在政治领域,他撰写了《论共和国》《论法律》等著作,提出了共和国理论和自然法思想。在文学领域,他被誉为古罗马最有才华的作者之一。在演说方面,他是世界上最伟大的演说家之一,兼具美感和号召力,被很多演说家当作榜样。

及维护社会的使命于不顾,是全然不道德的[5]。

约翰·乔尔格·齐默尔曼❶可能是世界上第一个系统地区分孤独和独处的人。在他厚达1600页的著作《孤独》(*Solitude*)中提到,积极和消极因素分别是导致独处和孤独的元凶。在消极因素中,齐默尔曼重点强调了懒惰、愤世嫉俗、倦怠,以及要特别注意的"疑病症"。在他所处的年代,疑病症和忧郁是同义词。他还批评了隐士和僧侣们的"梦想"。像这样的孤独,只会带来悲观厌世的情绪。然而,独处却带来了自由和独立,让你在工作中保持平和的心态,并塑造优秀的个性,进而使灵魂得到升华。但齐默尔曼还指出,独处必须要与交际结合起来。

此外,在"支持"和"反对"独处的思潮碰撞中,齐默尔曼试着寻找战事的"中间地带",因为"真正的智慧"恰恰存在于"世界"与"独处"的边境线上[6]。但我们必须承认,齐默尔曼的分析更多的是在为独处而非社交辩护——所谓"独处",就是向某人展现自己"真正的需求"[7]。在大多数人眼中,社交的本质不过是为人们提供消遣和闲聊的空间[8]。而在纷杂的社会中,独处成了真实认知与生活的庇护所。

在《论社交与孤独》(*Über Gesellschaft und Einsamkeit*,

---

❶ 约翰·乔尔格·齐默尔曼:瑞士作家、哲学家、博物学家、物理学家。

1979—1980）中，克里斯蒂安·加尔夫论述了社交和孤独的种种，但他更多还是倾向于阐明社交的重要性[9]。当然，加尔夫同样强调，独处不仅给了我们自由，也提供了"为某物献身"的可能性[10]。他写到，所有伟大的哲学家和天才诗人都喜欢独自一人[11]。但对那些脆弱而平凡的灵魂来说，独处确实危险异常，因为它会让人变得忧郁，进而与某种病态密切相关。因此，即便是最伟大的哲学家和诗人，也只会在偶尔寻求独处[12]。按照加尔夫的说法，社会是定律，独处则是例外。

关于自愿独处，人们褒贬不一，康德想要探寻其中的原因所在。他提出：

> 然而，如果"遗世独立"是以忽略所有合理利益的想法为前提，那么这无疑是值得尊敬的。为了自立，人们最终会在保有社交能力的情况下，失去对社交的需求。这同样是值得尊敬的行为，因为它与欲望间并无联系。另一方面，厌世感让我们远离他人，因为我们忍受着对他们的憎恶；社交恐惧症（羞赧）让我们远离他人，因为我们将他们视作敌人。从某种程度上讲，这既可恨，又可悲。此外，还存在这样一种"愤世嫉俗"（这么称呼它实在不正确），常出现在很多思想健全的老者身上。这种感觉本如对他人的善意般仁慈，可漫长而悲伤的经历，却让其中承载太多对他人的不满。其存在的证据，便是人们的独处倾向……[13]

第七章 独处

另外,康德警告那些博闻多识的哲学家,不要独自一人用餐。因为这会让他们失去活泼快乐的心情,思想也会枯竭,并错过那些由交际带来的愉悦[14]。这一观点强调的是,哲学家们应该主动寻求社交,而非特立独行。我们将会看到,人们更常将独处视作哲学洞察的先决条件。

孤独与洞察力

哲学家们经常强调，独处是积极的。它为我们提供了自省的空间，在这里，我们能够更加接近真实[15]。笛卡尔❶曾指出，为了将全身心奉献给思考，人该如何寻求远离城市及所有熟人，以在国家范围内实现独处[16]。他还在很多信件里表达了自己究竟有多爱独处。

亚里士多德认为，对所有生命来说，最好的生活就是沉思的生活。而在这种生活中，每个人都可以孑然一身。在他看来，所有美德都必须通过与他人的交际而显露，但智慧除外——智者比他人更为独立，常常独自完成工作。"如果能和其他同伴一起，他会做得更好，但他是世间最为自立的人。"[17]所以，长于沉思的人可以选择独自生活，但这并非必须。

在中世纪的宗教背景之下，"独处"逐渐成为各宗教文献的主题。人们认为，在独处时，自己便会有抵达上帝身旁与其交流的机会[18]。只有很少一部分人将独处视作一种问题。

---

❶ 笛卡尔：法国著名数学家、科学家、哲学家。他在哲学上贡献卓越，坚持以理性思考哲学的理念，故为理性主义者，并提出了"二元论"和普遍怀疑论。基于这一哲学思想，他在科学及数学领域颇有建树。他创立了坐标系和解析几何学，为后来的科学发展奠定了基础。其名言"我思故我在"至今仍被奉为经典。

第七章 独处

确切地讲，独处究竟是不是问题，完全取决于人与上帝间的交流是紧密还是罕有[19]。倘若独处无法让你与上帝更好地交流，那它才被视作问题。在独处时，人们在孤立无援的情绪之下，认为自己在精神上备受摧残，从而决定向上帝敞开心扉。

到了文艺复兴时期，人们普遍认为，受过教育的人必须孤身一人实现自我追求。弗兰齐斯科·彼特拉克❶创作的《论孤独生活》(*De vita solitaria, 1346—1356*)可能是世界上第一部以孤独为主题的图书[20]。在本书的开篇，彼特拉克提出，对于所有知识分子来说，只能通过远离所在城市及民众来寻求独处。独处让他们从他人的种种要求中挣脱并重获自由，进而重新选择生活方式。然而，他们一定会让书籍陪伴自己："没有文学陪伴的独处只能是流放、入狱和受刑。"[21]但是，独处并不能保证你获得心神宁静，因为它要求你始终头脑清醒。彼特拉克进而强调，独处和交友可以和谐共存。人们甚至宁可失去独处时间，也不愿失去一个朋友。

在谈论独处时，蒙田是这样说的："到最后，我明白

---

❶ 弗兰齐斯科·彼特拉克：意大利诗人、学者、历史学家。作为文学史上最伟大的诗人之一，他以独创的意大利体十四行诗，为欧洲抒情诗派寻到了新的发展方向。由于在教会工作的经历，他认清了教会的黑暗本质，因而将自己的思想称为"人文学"，提出对文学乃至道德开展一次"复兴"，由此文艺复兴开始，他也成为"文艺复兴之父"。其著有《歌集》《名人列传》等作品。

了,(独处)不就是全然一人,过着无拘无束的安逸生活嘛。"[22] 他认为,从本质上讲,我们在任何地方都能进入独处状态,无论是市中心还是球场。但最好的"独处"仍是孤身一人。他还相信,老人比年轻人更适合独处。因为对老年人来说,在他们的前半生,已度过了太多为他人而活的日子。到了后半生,他们理应为自己而活[23]。与此同时,他也强调为自己而活是有前提的,即真正能达到自足的境界,而不求诸于外。倘若无法达到此种境界,说明你仍然心系于外,不算真正为自己而活[24]。而且,一个人不应把时间全花在追逐名利上,因为这还是为"自我外的某物"而活。

你关心的不再是如何与世界对话,而是如何与"自我"对话。想退回自我之中,就要先塑造好自我,让它容纳自己;如果你无法掌控自我,那"相信自我已尽在掌握"就是大错。倘若如此,你可能既无法成功独处,也会失去他人的陪伴[25]。

人必须试着去积聚自己的情绪与思考[26]。

根据拉尔夫·沃尔多·爱默生❶所说,人只有在独处时

---

❶ 拉尔夫·沃尔多·爱默生:美国思想家、文学家。他坚持让美国建立独有的文化,保持精神独立,因而颇受人爱戴。美国前总统林肯曾赞他为"美国文明之父"。同时,作为文学家的他,还一手让超验主义在美国生根发芽,并具有了独特性。其著有《论自然》《论超灵》等作品。

才能认清自己。然而，只是切断与他人的所有联系是不够的：阅读、写作，甚至沐浴于星空下，都是禁止事项[27]。爱默生认为，对于我们来说，独处是不可避免的，也是应积极追寻之物。他还指出，我们当然需要他人，但与他人的会面总是转瞬即逝。按爱默生的话说，来自他人的触碰是如此短暂，又是如此锐利[28]。所以，人们会选择回归独处，真正的全然一人，没有他人存在，以此来开辟前进之路。威廉·华兹华斯❶抱持的也是同样想法。在他所处的时代，他让自己与诞生于纷扰世界的"更好自我"说了再见，写下了赞美独处的诗篇[29]。

亚瑟·叔本华认为，只有在独处时，人才能做真实的自己，才能获得真正的自由[30]。因此，年轻人要学会忍受孤独[31]。从本质上讲，一个人只能和自我和谐共处。至于其他人，哪怕是挚友或生活伴侣都不可能。原因在于，在人与人的交往中，不和谐的声音总是出现[32]。然而，我们似乎对与他人交际有着显著需求。叔本华相信，这种需求只存在于那些低智商的人中。他认为，人的智商和对社交的渴望程度成反比[33]。这种渴望并非与生俱来，只是缺乏

---

❶ 威廉·华兹华斯：英国诗人，浪漫主义诗歌的推动者，改变了英国诗派广受古典主义统治的环境。作为英国浪漫主义诗人的代表，华兹华斯长于以朴实而有力的语言，借自然及平凡之物诠释民众的情感及思考。其著有《水仙》《序曲》等作品。《抒情歌谣集》更是被视作英国浪漫主义新诗的奠基之作。

忍受独处的能力而已[34]。比起对他人的爱恋，对独处的恐惧要更为贴近人类本能。倘若一个人的生活美满幸福，他自然能克服这种恐惧。

弗里德里希·威廉·尼采有着类似的观点。在他的著作中，经常把，独处比作"家"。此外，他还经常将独处比作"荒野"。只有在这片荒野中，人们才能完成在作为社会一份子时无法实现的自省。

当我行走在人群之中，所思非我真正所思。倏忽过后，这些人似乎想要驱逐我的自主意识，并夺走我的灵魂[35]。

人若想发现"更高等级的自我"，就只有远离社会、寻求独处这一条路可走。根据尼采所说，每次交际都会带给你短暂的欢乐，但你终会如释重负地回归独处的怀抱之中[36]。尼采的"独居论"将他人，特别是朋友，视为"与内心真实自我对话的障碍"：在独处时，朋友通常是"第三者"。在我与内心真实自我进行深层次交流时，"第三者"就成了阻碍思绪流淌的木塞[37]。独处是一种美德，它展现了人们"对纯洁的崇高向往"，而非任由人类社会所玷污[38]。但是，独处同样有好坏之分。人们可能会选择好的"独处"——充满自由、生意盎然、无忧无虑的独处生活[39]。不过，你必须掌握忍受孤独的能力才行[40]。而且，并非所有人都能发现好的"独处"。在独处过程中，你的一切都会成长，你内心中的野兽也是一样。正是如此，对某些人来说，选择独处是不明智的[41]。总之，一个人不能过早地独自生活。只有在成功培养起个性之后，才能选择这种生活方式[42]。另一方面，尼采似乎认为，只有在独处时，人们才可能建立起真正的人格。

卢梭与令人失望的独处

独处并非总向那些寻找它的人敞开大门。让-雅克·卢梭便是典型之一。他在《漫步遐想录》[Reveries of the Solitary Walker（1776—1778）] 写道，第一眼看过去，独处满是积极之色彩，但若深入思考，会发现里面充斥着大量矛盾情绪。这里，卢梭的文字真是很奇怪。因为他曾用了大量篇幅，细致入微地诠释了自己独处时的快乐。与此同时，他的字里行间却充斥着——有时甚至直截了当地点明——与之相反的态度[43]。卢梭视自己为孤独的天才，只是因信仰受到迫害。他在《漫步遐想录》的第一章就已定下基调：

现在，我孤身一人存在于世间，不再拥有任何兄弟、邻居、朋友，也不再属于任何社会，有的只是我自己。在人们的一致同意之下，社会得以诞生。但我的知己友人，以及来自他们的无上大爱，却不被其允许存在。时光流转，这种仇恨日趋纯粹。在此过程中，他们寻求着一种酷刑。对我那敏感的灵魂来说，它无疑是世间最为凶恶之刑罚。不仅如此，它还会残暴地摧毁我与他人间的连接[44]。

我们发现，卢梭的大部分文字，都在尽力描述他偏执的妄想，即敌人为陷害他作出的恶毒密谋。此外，在《漫步遐想录》中,哪怕卢梭以孤独者之姿漫步时,他人也经常出现在他的脑海中,这让他快算不上"孤独者"了。在卢梭的一生中,他总是孤身一人。在卢梭的身上,很多于孤独者中广泛出现的性格特征——比如怀疑、自我中心、对他人的负面态度、认为自己"异于常人"等——都得到了极端体现。卢梭也交朋友,但总以友情破裂而告终。看到这里,你可能忍不住想叫卢梭一声"笨蛋",但他自己却说:"我从未想过作恶。况且我怀疑,说到作恶,我应该是全世界做得最少的了。"[45]

在卢梭的哲学中,独处既是生命的开始,也是结束。独处普遍存在于自然状态之下。处于这种状态的人们,是自由、平等、自立且没有歧视的。"自然人完全为自己而活。他是数字上的统一体,也是绝对意义上的整体。他只与自我形态或其自身性质相关[46]。"自然人是孤独的、狂野的、快乐的、善良的[47]。后来康德发现,卢梭笔下的"自然状态"太过美好,以至于它消失的原因都成了一个谜[48]。而卢梭给出的答案,除了"命运的操纵"外[49],就是一些有关自然环境的文献[50]。独处广泛出现于自然状态,它是正面的。相反,生活在社会里的人是不高兴且不道德的。他们已被文明所摧毁,也失去了正面独处的机会。而人生存于世的目标之一,便是获得正面独处的机会——只有在此时,人们才能感受到真正的快乐。

在《漫步遐想录》中，卢梭描述了独处是何感受。而在更早之前，他已在其他作品中为人生建立了标准。也许有人觉得，这是尘世欢愉的缩影，但并非如此。在该书的第二、五、七章，卢梭将独处定义为积极的。但从整本书看，他眼中的独处是悲伤、沉重、令人绝望的。然而，卢梭也将独处形容为"避难所"。特别是在该书的第一章和第八章，他强调到，只要你孑然一身，就没人伤得了你。独处时，活在当下的人们，无任何外物萦绕于心，因而成了神秘的统一体，达到了"天人合一"的境界。在独处状态下，人可以如神般自给自足。然而，卢梭无法永远处于独处状态，他会反复回归社会的怀抱，尽管他从未觉得自己是其中的一分子，还总与它冲突连连。而这些冲突正是他独处的动力之源。循着相同的思路，也许有人会想："倘若自然状态真这么好，人们为何还舍得离开呢？"也许有人会问："倘若独处真这么美好，为什么卢梭还反复离开，投身社会之中呢？"卢梭为我们描绘的，无疑是"独处"的理想形态。但现实中的"独处"，却是令人失望的。

第七章 独处

孤独的可行性

世间有一小部分人,在与他人完全隔绝的状态下生存。比如,绝大多数隐士居住在一个小社群内。他们摒弃大型社群,从中抽身而出,选择在社会边缘,通常是遥远偏僻处,建立自己的小社群。在现代文学界,最为著名的独居者,当属亨利·戴维·梭罗❶。1845—1847 年,他在瓦尔登湖度过了两年时光。当然,这并不意味着他失去了社交机会。毕竟,他家距离康科德镇,步行只需 30 分钟。到了镇上,他会高兴地在酒馆驻足喝上一杯,或是去拜访朋友和家人。他只是说,漫步至康科德的时光充满快乐,倾听最新的八卦消息也很有趣,却没有提及自己的独处生活一成不变。许多人也会到他家做客,尤其是他母亲,每次都会带给他自己亲手做的饭菜。因此,虽然梭罗写到,他深爱独处,也认为世间没有比只身一人更好的社会了[51],但独处给他留下的,显然不都是这般深刻的印象。所以,梭罗的独处十分脆弱——只要他

---

❶ 亨利·戴维·梭罗:美国作家、哲学家。作为超验主义的代表人物之一。在曾经的挚友爱默生的引导下,梭罗走上了超验主义之路。他认为人凭直觉便可顿悟真理,灵魂恢复纯洁便可实现道德升华。他最有名的著作即为《瓦尔登湖》。在这部作品中,他记录了自己在瓦尔登湖的生活及思考,诠释了他对生活真谛的认识以及自身的哲学思想。

想，便可随时走出这一状态。不过，爱德华·艾比❶却有着截然不同的体验。他曾描述过年轻时在人迹罕至的国家公园工作的日子；以及长期孤身一人，让他产生了何等剧烈的反应。由此他终于明白，比独处更美好的事，便是与他人在一起[52]。

梭罗的目标是在独处中寻找自由。对他来说，自由就是做自己想做的事。而独处恰恰给了他这样的自由，因为它不仅排除了所有令你分心之事，还将他人强加于你的要求隔绝在外。可是，无论是身处大城市，还是独自一人，都能实现这个目标。梭罗自然了解这一点，这才说到，人在思考时总是只身一人，这种独处可不能用自己与他人间的物理距离衡量[53]。和孤独类似，当你置身人群之中，独处也可能找上门来，但这要求你能在精神上将身边的人隔绝开来。

从肉体角度讲，你总会被他人环绕。但此时，你仍有可能进入独处状态。比如，你正做着白日梦、陷入沉思抑或全身心投入到某个任务中去，所以没有加入他们的余裕。在本书的序章，笔者引用了诸多作者笔下的"大城市中的孤独"——尽管置身于熙熙攘攘的人流，可仍感受到难以言喻的孤独。不过，在大城市中，我们也能找到独处的机会。比

---

❶ 爱德华·艾比：美国作家、小说家。对美国公共土地政策的批判，以及对环保的拥护，是他主要的创作主题。

如，生活在大城市的你，大可享受隐姓埋名所带来的独处。但在相对较小的地区，这却很难实现。因为在这些地方，你碰到熟人的可能性要高得多，而他们将会摧毁你的独处壁垒。因此，有一点十分重要。举例来说，不要每天都去同一间咖啡店，因为服务员能很快认出你，甚至可能知道你将要点些什么——毕竟，大多数人都有各自的习惯——接下来，你渴求的隐姓埋名将开始变为泡影。原因在于，咖啡馆的职员和其他熟客，在见到你时都会点头示意，给你留下"他们认识我"的印象，尽管他们可能压根就不知道关于你的那些重要事。

私人生活是独处的一种约定俗成的形式，是让你得以远离他人的避风港。独处为我们提供了自由的空间。为了保护这种自由，它还建立了私人领域。正如弗里德里希·奥古斯特·冯·哈耶克❶所写："对个体而言，拥有确定的私人领域，是获得自由的先决条件。所谓私人领域，即存在于个体所处环境中的他人不可侵犯之地。"[54]"私人"的概念随时间和空间不断变化，"私人生活"也有它自己的发展过程[55]。不过，在每种文化中，"私人生活"的概念都有所不同[56]。真正的

------

❶ 弗里德里希·奥古斯特·冯·哈耶克：奥地利裔英籍经济学家、政治家、哲学家。哈耶克提倡自由秩序，坚持经济自由的地位，认为其是公民获得政治自由的基础。同时，他另辟蹊径，重新解读了商业周期，并对市场机制进行了深刻研究。1974年，凭借对货币理论和经济波动的研究，他获得了诺贝尔经济学奖。其著有《通往奴役之路》《自由秩序原理》等作。

自由,意味着按照自己的想法生活。若想活出自己,就必须有私人生活,因为只有如此才能让自我成长。私人生活意味着要有独立的空间,正因这一空间的存在,我们得以专注于自身,得以自省;得以忘己;得以让平时不常浮现或受制于社会规则/伦理无法浮现的部分自我释放。由于在这种条件下,我们得以保有真正的自我,所以人的某些性格侧面也会现身。在本章开头,我们引用了威廉·卡洛斯·威廉姆斯的诗作《俄罗斯舞曲》。对于诗中的主人公来说,跳舞并不是什么错事,但他不想让他人看到。此时,他展现了自我中的某个侧面,只有在独处时,这一侧面才会现身。超人的隐居之所名为"孤独堡垒",只有在这里,他才能摘下面对世人时的面具,做真正的自己。虽然我们不是超级英雄,但也需要这样一个场所。正如约翰·斯图尔特·穆勒所想的那样:

倘若在某个世界里,独处已经绝迹,那它是极不理想的。如果我们将独处解释为"总是孤身一人",它便是深度冥想的基础、一切个性的根本。思想与壮志不仅对个人大有裨益,倘若没有它们存在,社会将陷入病态。而承载着自然美与庄严的独处,正是它们的摇篮[57]。

对大多数人来说,最常独自生活的地方,无疑是自己的家[58]。因此,在独处和孤独问题中,"家"都处于核心地位。然而,虽然笔者之前写到,只有置身于私人生活之中,我们才能实现独处,但这并不是绝对的。比如,在你的私人生活中，可能压根就没有独处存在，因为它已被孤独填满。再比如，你的私人生活可能充斥着与他人的交往，尤其是在社交媒体上的交流，这样独处和孤独便难以侵入。总之，"私人生活"无法保证独处的存在，因为独处需要的是个人努力。相反，可以想见的是，某个人的"私人生活"可能被渴望受到关注的人，特别是他的家人塞得满满当当。此时，实现独处的唯一方式，便是走出"私人领域"，投身公共空间。

摆脱他人目光的束缚

在私人生活的框架内,独处并非一定出现,但若想感知到它的存在,却变得很容易。原因在于,成为他人关注的焦点,会影响外在我与内心我之间的关系。

让·保罗·萨特将人形容为"孤独的"。他们为了确认自己在宇宙中的位置,必须要承受孤独带来的痛苦。然而,也有很多人认为,人类生活是自己与他人一同构建的。但这种解释并不是说,人一开始只为自己而存在,之后才选择加入他人的圈子。人类存在总是要"与他人共在"。并且,"与他人共在"是我们认识自我的前提条件。我们通过他人的视线来认识自己。我坐在公园里,注视着周身的一切;我是这个世界的中心,世间万物都为我存在;我是主体,并将身边的所有事物都转化为客体。但倏忽间,另一个人出现在我的视界之中。起初,我觉得他只是某个随机出现的客体。但很快我就发现,他与其他客体有着明显区别:他对待那些客体的方式竟与我相同。既如此,这家伙也是个主体。虽然他无法看到我能看到的一切,但他能看到我的存在。那么,他会将我变为他的客体之一。所以,仅在此时,我将他视作真正的人类,因为我不得不把它当主体看。而且,也仅在此时,我才能确立与自我间的真实关系。"被注视"的体验让我能够认清自己。举例来说,倘若你正站在门外,偷听门内的动静,你的注意力一定都在里面发生了什么上。突然,有人从背后拍了你肩膀一下。瞬间,你脸"唰"地变得通红。只有在这一刻之后,你才真正明白你究竟是谁,即"门后的偷听者"[59]。也就是说,通过他人的评价,你才认清了自我。他人会用视线评判你的一言一行,而这视线会刺穿你的灵魂[60]。这种感受也会让你与他人建立联系:他们评判你。而你也需要他们,因为你想得到的认可来自他人。为了让这些认可具有价值,你同样要认可他人。他人对我的赞美有何价值,取决于我对他人的赞美[61]。

与此同时,我还在寻求一种外在我与内心我之间的关系。这种关系并非由他人的目光所确定,外在我与内心我之间也不存在任何外部关系。原因在于,我与内心交流的目的发生了变化:这是为了确保我能根据自身需要,向他人展示自我的任意侧面。在独处时,外在我与内心我的关系变得更直接了,因为我们不再需要他人的视线牵线搭桥。此外,我们也可以避开"被他人当作客体"的感受。这样,我们就获得了免受他人束缚的自由。当你独自一人时,自然无须在意他人的眼光。因此,人们在独处时会显得更自然且有余裕[62]。当人们寻求独处时,他们想要的不仅是免受他人束缚的自由,还有决定自己所思所做的权力[63]。对身处此种状态的人来说，这并不意味着他必须固执己见不妥协。我们在独处时所做的事，大多只有一个目的，那就是将自我延伸至独处之外。

1794年，约翰·戈特利布·费希特❶的著作《论学者天职的演讲》（*Some Lectures Concerning the Scholar's Vocation, 1794*）出版。在书中收录的第一场讲座中，他强调：学者是世上最为重要的人之一，同时也属于社会存在。因此，若学者主动选择与世隔绝，并独自一人生活，他无疑违背了本性[64]。在《道德体系》（*The System of Ethics, 1798*）一书中，费希特强调，尽管对思想者来说，独自思考大有裨益，但要想达成独自思考的目标，就必须与他人交际[65]。

对很多文字创作者来说，只有在独处时，在孤身一人之际，他们才能下笔如涌泉。玛格丽特·杜拉斯❷就曾在随笔集《写作》（*Writing*）中强调了这一观点：

---

❶ 约翰·戈特利布·费希特：德国著名哲学家、作家。他的古典主义哲学深受康德哲学思想的影响，并在此基础上进行了扩展与统一。其哲学思想以"绝对自我"核心，即自我为世间所有认知的先验根据，赋予了自我极高的地位。其著有《自然法学基础》《伦理学体系》等作品。

❷ 玛格丽特·杜拉斯：法国著名作家。作为女性作家的代表，杜拉斯的作品强调纯粹且绝对的爱情，并诠释了人们在孤独中的挣扎和逃离。与传统小说不同的是，她的作品极为重视画面感，情节往往落于其下位。多元化的视角和分镜般的故事编排，形成了她浓厚的个人风格。其著有《情人》《广岛之恋》《副领事》等作品。

写作的孤独是如此重要。没有它，创作便难以为继；没有它，创作者只能为寻找素材绞尽脑汁，无力地看作品四分五裂、奄奄一息……写作者周身总是萦绕着疏远他人之感。这是作者的孤独，也是写作的孤独[66]。

然而，孤独写作的目的，却是寻找如知音般的读者。问题在于，即便写作的重要理由之一，是他人终会读到我的作品，但若在我写作时，身后总站着个热心读者从肩膀上偷瞄，那我便一行也写不出来。那时，我会因太过难为情而无法全身心地投入到创作中去。我们的大部分独处时光，都是在思考自己与他人的关系，如何才能与他们和谐共处。即便主动选择独处，我们仍是社交动物。

独处能力

在本书第三章,我们介绍了一些关于孤独的测试。这里再介绍一项针对独处的测试,那就是"独处偏好量表"(Preference for Solitude Scale,1995)。根据调查结果,选择独自居住和度假的人数有了显著增长,这反映了现代人对独处的偏爱。不过,笔者尚未发现有谁研究过该现象的发展趋势。此外,笔者还要强调如下观点:能随心所欲地进入独处状态并感受到独处之乐的个体,大多是享受独处这一行为本身,而非只是期望以独处逃避社会交际[67]。虽然很多人选择独自居住和度假,但他们也不似以前般孤独,因为他们能通过各种手段,尤其是随身携带的电子通信设备,长期与他人保持联系。

在我们所处的时代,电话、短信、推特(Twitter)、"脸书"(Facebook)、Skype……多种多样的通信手段,让我们能长时间地与他人联系交际。所以,如今我们几乎不可能回归到内在自我之中。简单说,较之以往,独处的机会已是凤毛麟角。主要原因在于,我们已用社交将本属于独处的空间填满。在这一时代,我们面临的最大问题,可能不是孤独的过度蔓延,而是独处的机会难寻。当我们在独处时感到百无聊赖、坐立不安、犹豫不决、无精打采,进而想马上找他人倾诉——或是面对面交流,或是通过电话或电脑——而非固守独自一人的状态,独处便受到了威胁。可以说,我们总是让自己被分心所俘,太过轻易地分散精力。英文单词很有意思,比如"分心"(Distraction)这个词,便可拆成"Dis-traction"。从字面意思解释,就是"正在远离"。而我们正在远离的,正是我们自己。

1937年,伯特兰·罗素曾提出,我们已经失去了独处[68]。相似地,德国哲学家奥多·马夸德也曾断言,我们已失去了大部分"独处能力"[69]。然而,他口中的"独处能力"究竟指什么?马夸德写道:"在独处能力中,最重要的就是成熟。"[70]诚然,这的确是种奇怪的论调。但其重点在于,他所说的"成熟",即要求人们在不依靠他人支持的情况下,抱持坚定的信念独自生活。按照康德的说法,开悟意味着人们战胜了不成熟[71]。当然,我们还得多说一句。大多数人认为,人们之所以失去创造独处环境的能力,皆是情感上的不成熟所致。然而康德相信,元凶应该是"心智上的不成熟"。独处的困难之处在于,独处时人们被迫与内心对话,从而在这种关系中实现心灵的平和。一旦缺少这种平和,我们便会分神,进而远离自我。正如帕斯卡所写:

我们愿花大力气寻求的,绝非让自己想起不快之事、战争危险抑或坐班艰辛的"轻松宁静",而是能让我们远离这些痛苦、愉悦身心的"外界纷扰"。

就好比我们更喜欢追逐，而不是猎物本身。

所以人们深爱喧嚣，所以人们畏惧坐牢，所以独处之乐难以理解[72]。

长时间地寻求消遣，是情绪上不成熟的表现。显然，这种不成熟是很典型的。有些研究要求接受测试的人在 6～15 分钟内保持专注，然而结果显示，大多数人只能坚持一半甚至更短的时间[73]。然而，当研究人员给他们"作弊"的机会，比如允许他们玩手机，很多人马上欣然照做。而在另一项研究中，研究对象只能通过接受电击来排遣无聊，结果，四分之一的女性和三分之二的男性竟同意了。更有甚者，有个人竟在 15 分钟内接受了 190 次电击。为了深入研究独处，研究者针对人们忍受无聊的能力做了大量测试，但他们发现，即便失去了所有外界消遣形式，很多人还是难以专心致志。

尼采曾写道："我渐渐注意到了，在培养和教育领域闪耀着一道微光，那是普遍存在于其中的缺陷：无人学习、无人传授该如何'忍受孤独'，亦无人为之奋斗。"[74]人们必须要掌握独处的能力。托马斯·马乔曾提出了"独处技术"这一名词。所谓"独处技术"，便是能让人们与自我在社会中并肩生活的技术[75]。身陷孤独时，你孑然一身；而在独处时，你身边还有另一个自己。这种独处技巧的核心在于，在内心创造另一个自己，这个自己并非原来自己的简单复制，而是

第七章 独处

一个可以与之对话的伙伴。换句话说，你可以用自己的存在，而非他人的缺失填满自我。萨穆埃尔·巴特勒曾将忧郁症患者形容为"登陆世间最糟糕的社会——他自己的人"[76]。巴特勒所说的这个社会可谓糟糕透顶，因为它的本质就包含了缺失、消亡和贫乏。

当内心生活贫瘠时，我们便难以拒绝"独处"的诱惑。但从另一角度看，独处似乎是我们拥有丰富内心生活的先决条件。米哈里·契克森米哈❶发现，难以忍受孤独的人，难以寻求独处的人，均极难开发自己的创造力。只有那些掌握了"独处技术"的人，似乎才能在艺术或科学领域取得成功[77]。当然，这些人总是和他人交流。创造性人才的特征，并非比他人更频繁地独处，而是在只身一人时，能够创造出某些东西，而非单纯地陷入绝望[78]。

汉娜·阿伦特指出，在人类生活中，孤独是一种基础体验，且与我们的基本需求相冲突[79]。根据阿伦特所说，哲学其实是一种独处行为。她将哲学家视作"在世间为独处挖掘暗穴的人"[80]。而且阿伦特还强调，"独处意味着和'内心自我'在一起"[81]。然而，这种现象并非是那些被称作"哲学家"的人的专利。阿伦特认为，分辨孤独和独处的唯一条

---

❶ 米哈里·契克森米哈：匈牙利裔美籍心理学家，克莱蒙特研究大学（Claremont Graduate University）杰出教授。他首先发现并命名了心理学中的"流"概念。

件，就是"我与另一个自己并肩而行"——自我的"合二为一"[82]。当然，独处也能转化为孤独，而阿伦特提出，当这种转化发生时，我会被"另一个自我"拒绝。也就是说，我无法复制另一个自我，从而进入"合二为一"的状态。由于没有可建立连接的自我，我只能孤身一人[83]。

如果一个人能够保持相对自立，那么通过分析他与内心我间的关系，我们就能找到孤独与独处间的区别。当然，没有人能完全自立，因为这不现实。但是，倘若没有一定程度的自立，没有在不依靠他人支持的情况下专注于自身而活的能力，人终将度过悲惨的一生。毕竟，我们不能总是依靠他人。然而，人永远不可能彻底自立，为了让独处变得更积极，就必须要铺好回到他人身边的路。正如奥拉夫·H. 豪格❶所写：

> 孤独一人，甜美异常，
> 只要回归他人身旁的路
> 始终开放，
> 毕竟，你不能为自己
> 闪耀光芒[84]。

---

❶ 奥拉夫·H. 豪格：挪威诗人、翻译家、园艺家，挪威最具代表性的现代诗人之一。

第八章　孤独与责任感

人们总说时间改变一切，但能改变一切的只有你。

《安迪·沃霍尔的哲学（从A到B循环往复）》
[*The Philosophy of Andy Warhol*
(From A to B and Back Again)]
（美）安迪·沃霍尔❶

---

❶ 安迪·沃霍尔：美国艺术家、制片人、作曲家、作家、导演、出版商，20世纪最著名的艺术家之一，流行艺术（Pop art）领袖。其对艺术界和流行界的影响可谓巨大，画作《玛丽莲·梦露》成为流行界的永恒符号之一，电影《帝国大厦》忠实记录了帝国大厦八小时内的变化，体现出非凡的创新精神。

第八章　孤独与责任感

较之以往，如今孤独问题其实并未变得更加严重。不过，这也带来了一个实质性问题。即使孤独对我们的影响并没有多严重，但它仍是个重要现象。因为它揭示了，人在一生中究竟有多需要他人。而我们中有一部分人，或多或少地持续受到孤独的折磨，他们的数量已不可忽视[1]。

孤独与羞耻

为什么孤独如此令人痛苦？因为孤独让我们认识了自我，了解了自己在世界中的位置。情绪则告诉我们，在大千世界中，我们是多么无关紧要。我们会觉得这个世界上有没有自己都一样，自己存在与否，似乎与周围的环境毫不相关。所以，孤独和羞耻之间有着特别的联系。

每次发表以"孤独"为题的演讲时，笔者总会让感到孤独的人举起手来。但没有一个人举手，整个空间也笼罩着令人不快的寂静。这说明：想让人们在公共场合承认孤独，是件很困难的事。毕竟，孤独是种社交痛苦，反映了人对社交状况的不满足。而且，当这种痛苦为整个社会所见，就会变得格外令人难堪。孤独不仅是一种痛苦，也是一种尴尬。为了避免羞耻，人们总会刻意让他人觉得自己"正享受着欣欣向荣的社交生活"，尽管他们此刻很可能正陷入孤独。虽然孤独是一种普遍的人类现象，但饱受孤独折磨的人仍都是失败者。

在琼·狄迪恩❶的电影《顺其自然》(*Play It as It Lays*)中，我们会看到31岁的女演员玛利亚·怀斯是如何在离婚、被丈夫逼着堕胎、女儿住院和职业生涯走下坡路等多种打击下，最终进了精神病院。玛利亚深陷孤独，而对她来说最重要的事之一，就是掩饰这种孤独：

> 她曾在超市里观察过她们，她知道（孤独和懒散的）标志是什么。周六傍晚7点，她们在结账线前排着队，读着《时尚芭莎》上的星座运势，购物车里总放着一块羊排，可能还有两罐猫粮，以及刚刚出版、被漫画包裹的周日晨报。有时

---

❶ 琼·狄迪恩：美国小说家、随笔作家，著有《顺其自然》等作品。

她们打扮得花枝招展，裙子长短刚好、墨镜色调合适，只是唇边会显露出一丝脆弱的紧张。但在玛利亚眼中，此时她们只是一块羊排、两罐猫粮和一份周日晨报。为了隐藏这些标志，玛利亚总会买些家庭用品，比如几加仑西柚汁、几夸脱青辣椒酱、干扁豆和字母意面、通心粉和山药罐头、20磅盒装洗衣粉。她清楚知道，孤独和懒散的标志都是什么。所以，她永远不买小管牙膏、也从不把杂志扔进购物车。她家就在贝弗利山上，家里堆满了糖、玉米玛芬蛋糕粉、冻肉和西班牙洋葱。玛利亚则吃白软干酪[2]。

  孤独意味着你失去了人生中最基础的部分，因为你无法与他人建立关系，而这些关系正是你所需要的。孤独者不会从他人处认识到自己的人生价值，也不会明白自己究竟有多渴求这种人生价值。因此，孤独实际上是在外部世界欺骗着我们。孤独者渴望与他人交流，但始终不得满足。然而，不合群与受排斥还是有些区别的。

孤独、归属感与人生的意义

无论是现实中的长期孤独，还是实验条件下的社会孤立，都可能导致低等级的主观体验及人生意义。这说明，若想体验有意义的人生，归属感是基本条件[3]。当然，我们可以从诸多角度来研究人生的意义，但它们有一个共同点——与他人的人际关系起着决定性作用[4]。无疑，它很好地支持了罗伊·F.鲍迈斯特和马克·列瑞❶的"归属感假说"——"有种驱动力无处不在，它驱使人类最低限度地建立并维持一种长久、积极、有效的人际关系。"[5] 然而，我们必须要多说一点，那就是并非所有人都需要归属感，或者说，每个人对归属感的需求程度不同[6]。经常与他人在一起的人，要比总是独处的人更快乐。但其中存在着大量的个体差异。在评估主观幸福感（或是"快乐"，尽管这个词常常被错误解读）时，人际关系对其的影响比金钱和健康都大。在针对主观幸福感的分级测试中，如果你想"赌"一个人的主观幸福等级是高还是低，那么"与家人和朋友共度的时间"这一问题的答案，将会带给你最高的参考价值。根据实验报告，大多数人认为，

---

❶ 马克·列瑞：美国作家、杜克大学心理学与神经科学名誉教授，其研究成果对社会心理学和人格心理学领域有着巨大贡献。

比起独自一人，与他人在一起时，自己能体验到更多积极的情感。话虽这么说，但很多人可能会在独处时倍觉幸福，而交际时的感受却糟糕透顶。

但事实是，我们每个人都需要他人。关键在于，这种需求的本质就是渴望"被他人需要"。在某种意义上，不被他人需要的人是没有价值的。但是，大多数人在规划自己的人生时，总是把"对他人的需求"压到尽可能低的程度，这着实令人诧异。1970 年，社会学家菲利普·斯莱特❶的著作《追寻孤独》(*The Pursuit of Loneliness*) 出版。书中写道：

> 我们寻找着私人住所、私人交通方式、私人花园、私人洗衣房、自助书店，以及独自完成各种工作的方法。在他/她的日常工作中，有大量的技术都不需要相互交流，甚至连向对方提问都显得多余。即使是回到家，美国人同样有一种独特的观念：在经济条件允许的情况下，每个家庭成员都应该有独立的房间，甚至独立的电话、电视和车。我们越来越渴望"私人化"，但在实现"私人化"后，却与他人愈发疏远。[7]

从某种意义上讲，在斯莱特发表这一著作后的数十年间，

---

❶ 菲利普·斯莱特：美国社会学家、作家，20 世纪 70 年代著名畅销书《追寻孤独》作者。

这种趋势（对独立性的需求）日益加剧。黑格尔❶在诠释"痛苦"的自我时，也曾表露出这一观点：他无法放弃孤独感，于是退回自我之中，或从无法让自己满足的抽象本质中挣脱而出[8]。然而，这些同样不能说明我们变得越来越孤独。

---

❶ 黑格尔：德国著名哲学家，被誉为"现代最后一个哲学系统构建者"。早在18世纪末至19世纪初，黑格尔就提出了辩证发展观，认为历史和观点的发展过程中的矛盾促进了其发展，主张"先假设正题，再找反题，最后两题合而为一"的思考方式。其著有《精神现象学》《哲学科学全书纲要》等作。

对情绪负责

从现象学的角度看,孤独源自外部环境。因此,孤独的出现应归咎于人们所处的环境。倘若如此,环境就应该承担起补救的责任来。然而,必须对自身情绪负责的,其实是我们自己。你的情绪就是你的所有物,它们属于你。亚里士多德曾说,人们的所有行为都基于个人性格特征,但这些行为同样有着某种自发性,因为构建自我性格特征的,正是我们自己。换句话说,我们在一定程度上建立或塑造了自我[9]。比如,在某个环境中,你可能会没来由地冒犯了他人,那么你就要对这长期养成的习惯性恼怒负责。类似地,我们还可以认为,倘若人们自愿选择了一种会使孤独延续并加固的行为模式,那么他就要为自己的孤独负责。哈里·法兰克福❶ 明确反对亚里士多德的观点,他认为,为个人性格及其引发的行为负责,并不意味着你有改变甚至重塑自我的责任,而是要承担因个性所导致的后果[10]。同时,还有一点十分明确:人们是否能承担这一后果,得看其改变上述性格特征的可能性有多大。

---

❶ 哈里·法兰克福:美国哲学家,普林斯顿大学哲学系名誉教授。此外,他还曾在耶鲁大学、俄亥俄州立大学、洛克菲勒大学等知名大学任教。

从本质上讲，我们无法决定自身感受。比如，我们不能简单地"摒弃孤独"，因为只靠个人意识驱动的行为，是无法让孤独问题烟消云散的。从现象学的角度讲，情绪出现在我们身上，且总与其他渴望产生直接冲突。但你同样可以毅然投身某个社交环境之中，弃它带来的不适感于不顾。你可以换个角度去思考所处环境、你对他人的期待，以及与他人间的关系。这是只有你自己才能完成的任务。

另一方面，孤独的主观体验来自外部环境。社交环境没有达到你的理想标准所造成的不满，导致了孤独的产生。所以，倘若就此断言孤独者理应改变自己与他人及环境的关系，对他们可能并不公平。这不是"指责受害者"吗？在这种情况下，孤独者想说的，可能就和史密斯飞船❶乐队的主唱莫里西在《浮生一梦》(*How Soon Is Now?*)唱到的那样：

闭上你的嘴。

怎能说这些。

我做错一切，

但我亦为人，也渴望被爱。

---

❶ 史密斯飞船：美国传奇摇滚乐队，活跃于20世纪70年代，4次斩获格莱美最佳摇滚乐队奖，18张白金唱片拥有者，全球唱片销量超过1.5亿张。其作品风格多变，在硬摇滚的基础上，加入节奏布鲁斯、流行甚至重金属元素。专辑《阁楼上的玩具》(*Toys in the Attic*)》《热血沸腾（*Pump*）》被奉为摇滚界经典之作。

此为世间众人所期待。

孤独的痛苦是受认同不足带来的痛苦。抱怨孤独的痛苦，就是抱怨人类基本需求尚未得到满足的痛苦。然而，这种需求很大程度上是个人期待的产物。所以，人们不应急着断言，来自他人的社交支持存在问题。因为问题很可能出自个人强加给这些人际关系的期待；也可能是现如今，人们普遍期待在社交圈中感受到更多温暖[11]。如果某人虽不缺少家人和朋友的支持与承认，却始终感到孤独，那他必然患有"社交饥饿"。严格来说，有"社交饥饿"问题的人，就和那些暴饮暴食却还是感觉饿的人一样。有的人期待自己的社交需求能够得到满足（尽管几乎不可能实现），便一直在寻找新的爱情和友情。在这种情况下，孤独一直背负着"功能障碍"的恶名，尽管其他情绪同样可能成为功能障碍。

如果你正为孤独所困，笔者无法告诉你原因所在。事实上，笔者曾经研究过一些社会环境和精神特质，因为它们会提升身陷孤独的概率。但是，考虑到孤独的原因和基础，这些研究到底跟你有多大关系，完全取决于你自己。书中提到的某些材料，可能会纠正你的自我认知。你可能会意识到，导致你孤独的原因和基础，并不是你想的那样。孤独的主观体验源自外部环境。因为个体所处的社交环境，不足以满足其在交际上的情感需求。你可能会发现，你的某些性格特征，会促使你产生类似的想法。比如，你对现实中的交往抱有太高的期待；你不信任他人，即你太过自信；抑或是在社交场合，你对自己和他人都太过吹毛求疵。

"你并不孤独，因为你孤身一人。你孤身一人，因为你深陷孤独。"在很多情况下，这种说法都是正确的。如前所述，这种说法对孤独者是不公平的，是某种"对受害者的责难"。但无论如何，孤独给人的感觉，仿佛是社交环境无法满足个体需求而强加的。这一主观认识并不能很好地说明孤独产生的原因。如果你身边满是朋友与家人的支持，却仍始终感到孤独，那我们或许可以认为：你对"被认可"的渴望，已经到了扭曲的程度。事实上，孤独并不一定意味着他人对你感到失望或满足不了你；还有这样一种可能，即你对现有人际关系的评价就是"无法满足"。而且，深受孤独困扰的你，不能指望其他人来治愈。无人有权享受没有孤独的生活，一如无人有权享受永恒的快乐。

你感受自我的方式，与他人感受你的方式截然不同。你会意识到这种不同。你表达思想以及感知世界的方式，都是独一无二的，而孤独存在于其中。大多数时候，人们能够很好地驾驭孤独，但有时它也会成为人们的累赘。从这一角度看，这种典型的孤独感并不会因你身边人迹罕至产生，而是出现在你与他人产生距离感之时。其实，我们对友情和爱情的渴望，表达了对跨越这种距离感的期待。我们渴望与那些能思己所思、感己所感的人建立关系，哪怕只是点头之交也无所谓。这不仅因为你向他们表达了所思所想，而且因为他们真的懂你。他们不一定为你的思考和情感鼓掌叫好，但他们一定知道，你的思考和情感从何而来，且能将它们视作你对"自我"及"个人感知世界方式"的表达。在这种关系中，包含着一种特殊的"即时性"，即一瞬间的感同身受。这便是我们人类为了克服几乎一生难以摆脱的孤独，所能做到的极致。

同时，也有很多东西我们是无法和他人分享的。比如，死亡就是孤独的。你的死亡只属于"你一个人"。帕斯卡认为："我们总是依靠同胞构筑的社会，这实在愚蠢。我们是多么可悲，又是多么弱小，谁也救不了我们，莫如独自一死了之。"[12] 诺贝特·埃利亚斯❶也曾谈到"离世的孤独"。他认为，在我们的文化中，死亡只是"潜身缩首"，而非作为我们对世界认知的一部分存在。由此，对活着的人来说，孤独是个问题，并会在将死之人中广泛蔓延——"如果——仍然活着——他们会被迫相信，自己已被生者的社会所排斥。"[13] 不过，事情也不至于到如此地步，也不必像延斯·比约内博❷的舞台剧《爱鸟人士》(*The Bird Lovers*,

---

❶ 诺贝特·埃利亚斯：德国著名哲学家，以文明化及去文明化进程相关研究而知名，著有《文明的进程》《个体的社会》等作。

❷ 延斯·比约内博：挪威小说家、戏剧家、诗人，被认为是21世纪最为出色的挪威作家之一。其作品灵感来自他对当代社会权力滥用的愤怒。

1966）里的《死亡之歌》(The Death Song) 那样：

> 末日来临，时间已至。
>
> 你倚着墙，流血不止。
>
> 拥抱你的众人，
>
> 霎时转身离开。
>
> 那时你将明白：
>
> 死亡如此寂寞难耐[14]。

那些关心你的人，不一定会决绝地离开。比如，我们陪着父亲，度过了他人生中的最后一段时光。我们都知道将会发生什么，也在很多个夜晚谈论过此事。我们谁也不能替他去死，只能一直陪在他身边。直到他辞世，亲密和温馨的气氛始终围绕着我们，仿佛过往共处时光的延续。然而，对父亲来说，他即将离世仍是事实。

你的孤独

　　孤独告诉了我们关于自我的某些事，也让我们找到了自己在世间的位置。在年轻懵懂之时，笔者认为自己不需要他人，也就是说，我足以自立了。偶尔，独处带来的积极情绪，会引诱笔者这样想：对我来说，自立仍不是问题。然而，幻觉永远不会持续太久，独处很快被孤独所取代。这种孤独感揭示了我们成长的局限性。因为它明确地告诉我们：你是无法自立的。自我们出生时起，甚至在我们出生之前，我们的生命便与他人交织在一起。在我们的人生中，旧的人际关系断裂，新的人际关系便会形成。正如D.H.劳伦斯❶所说的那样，人生中的一切，都取决于和他人的关系，哪怕个人特征也是一样[15]。失去这些关系，我们的大多数个人特征将会消散，这正是由于有些东西要靠与他人的关系建立和发展。

　　理查德·福特❷的小说《加拿大》（*Canada*）也体现了这一观点：

---

❶ D.H.劳伦斯：即大卫·赫伯特·劳伦斯，英国作家，20世纪最有影响力的作家之一。他的写作题材广泛，包括爱情、战争、人的心理世界，主要描写男人与女人间的关系，用爱的扭曲与禁锢诠释现代化与工业化造成的人性泯灭。其著有《查泰莱夫人的情人》《虹》等名作。

❷ 理查德·福特：美国作家、散文家，著有《野性生活》等作。

我所读到的"孤独感",就像被绑在一根绳子上。我盼望着抵达终点,因为有好事在那里等待。然而,绳子是不会动的。其他人与你擦身而过,跑到你身前,而只属于你的"应许之地",却离你越来越远。终于,你不再相信有什么好事会在那儿等着自己[16]。

然而,认为这根绳子——人生——最终会让你一无所获,无疑是个错误。他人能否察觉到你的孤独,取决你展现出的孤独程度。没人能强行进入你的孤独世界并迫使它消失。但是,你可以让他人进入你的孤独世界。此时,你拥有的就不再是孤独世界,而是一个社群。之后,你会认识到"每个人的生活中都有孤独存在,只是程度不同",并学着抱持这种想法活下去。这就是为什么"学会承受孤独,并期待它能变为独处"如此重要。

学会在自我中休憩,可以有效减少孤独感。当你寻求他人,并向他们展现真实自我时,便不再和以往一样,如此依赖对方的认可了。但是,孤独会时常来袭,不可避免。你必须要为孤独负责。因为不论如何,那都是"你"的孤独。

参考 A Philosophy of Loneliness **文献**

序章

[1] Stendhal, On Love, p. 267.

[2] C. S. Lewis, The Four Loves, p. 12.

[3] Simmel, 'The Metropolis and Mental Life', p. 108. See also Simmel, Sociology: Inquiries into the Construction of Social Forms, p. 95.

[4] Simmel, The Philosophy of Money, p. 298.

[5] Tocqueville, Democracy in America, pp. 665, 701.

[6] Tocqueville, Selected Letters on Politics and Society, p. 326. On solitude in the wilderness, see further Tocqueville, 'Journey to Lake Oneida' and 'A Fortnight in the Wilderness', p. 665.

[7] Cf. Marquard, 'Plädoyer für die Einsamkeitsfähigkeit', p. 113; Moody, 'Internet Use and its Relationship to Loneliness'; Monbiot, 'The Age of Loneliness is Killing Us'.

[8] Chen and French, 'Children's Social Competence in Cultural Contexts'.

[9] Cf. Svendsen, Philosophy of Boredom, p. 28.

[10] Larson, 'The Solitary Side of Life: An Examination of the Time People Spend Alone from Childhood to Old Age'.

[11] Cioran, Drawn and Quartered, p. 159.

[12] Sartre, Nausea, p. 116.

[13] Rilke, Letters to a Young Poet, p. 23.

[14] Genesis 2: 18.

[15] Kant, Idea of a Universal History with a Cosmopolitan Purpose, p. 44.

[16] Byron, Childe Harold's Pilgrimage, Canto iii, v. 90, p. 131.

[17] Milton, Paradise Lose, Book ix, 249, p. 192.

[18] Bierce, The Enlarged Devil's Dictionary, p. 44.

[19] Butler, 'A Melancholy Man', p. 59.

[20] MacDonald and Leary, 'Why Does Social Exclusion

Hurt? The Relationship Between Social and Physical Pain'; Eisenberger, Lieberman and Williams, 'Does Rejection Hurt? An fmri Study of Social Exclusion'.

[21] A good, precise overview of the genetic and neuroscientific aspects of loneliness can be found in Hawkley and Cacioppo, 'Perceived Social Isolation: Social Threat Vigilance and its Implication for Health'. There is an extensive psychoanalytic literature on loneliness that I will take up only in limited capacity. For an overview and discussion of many of the most central contributions, see Quindoz, The Taming of Solitude: Separation Anxiety in Psychoanalysis.

(在《Perceived Social Isolation: Social Threat Vigilance and its Implication for Health》一书中, 霍克利和卡乔波从遗传学和神经科学的角度, 对孤独进行了精准的概述。对于孤独心理分析相关文献较多, 限于篇幅, 无法展开论述。想要了解更多更为核心的相关研究进展, 请查阅以下文献: Quindoz, The Taming of Solitude: Separation Anxiety in Psychoanalysis。)

第一章

[1] For example, the Norwegian Institute of Public Health gives this definition of loneliness: 'Good social support means that one receives love and care, is respected and valued, and that one belongs to a social network and a community with mutual responsibilities. The opposite of good social support is loneliness.'Folkehelseinstituttet, 'Sosial støtte og ensomhet - faktaark'.

(例如,挪威公共医疗机构是这样定义孤独的:拥有良好社会支持的人,便拥有爱和关怀,尊敬和重视。同时,在他们身处的社交网络或社群中,成员间会有着共同的责任。"拥有良好社会支持"的反义词便是"孤独"。(Folkehelseinstituttet, 'Sosial støtte og ensomhet-faktaark'))

[2] Cf. Scarry, The Body in Pain.

[3] Eliot, The Cocktail Party, p. 414.

[4] An extreme expression of such metaphysical loneliness is Ben Lazare Mijuskovic's Loneliness in Philosophy, Psychology and Literature (1979), which reduces the entirety of human existence to a state of loneliness, and

where those who might claim that loneliness is not so defining of his or her life cannot be described in any other way than individuals living in denial of their basic existential condition. Interpersonal communication is dismissed as a momentary, albeit comforting, illusion (Mijuskovic, Loneliness in Philosophy, Psychology and Literature, p. 82). Mijuskovic claims that loneliness is the most fundamental fact of human life, that loneliness is the basic structure of self-consciousness, and that when one attempts to see through themselves completely, they find an emptiness or desolation, in short: loneliness (ibid., pp. 13, 20). However, one can question whether this type of Cartesian introspection, where the self is made utterly transparent to itself, is even possible. Many philosophers, not least Kant, have provided arguments for why this is more than doubtful. One can further question why such introspection should yield a more basic truth than that revealed by extrospection. However that may be, the most important thing to keep in mind is that reflections such as Mijuskovic's are so reductive and general that they overlook all multiplicity in the phenomenon they have set out to examine. It is tempting to turn to a Shakespearean citation that Wittgenstein considered using as a motto for Philosophical Investigations, 'I'll teach you differences!' (Shakespeare, King Lear, Act i, Scene 4.) As Wittgenstein underscored in his remarks to Frazer's The Golden Bough: 'Nothing is so difficult as doing justice to the facts.' (Wittgenstein, Philosophical Occasions, 1912-1951, p. 129.) It is the craving for generality that complicates matters (Wittgenstein, The Blue Book, pp. 17f). Indeed, Mujuskovic appears to be someone who, suffering from chronic loneliness, generalizes from his own experiences when he writes that a person can momentarily overcome the emotion of loneliness, but that such relief is never permanent or even particularly long-lasting (Mijuskovic, Loneliness in Philosophy, Psychology and Literature, p. 9). Most people, however, do not experience loneliness as Mijuskovic describes it. Of course, he can certainly try to contend that most people live in some sort of denial of their basic existential condition, but it is difficult to regard the arguments he provides for this as especially compelling. (本·拉扎尔·米尤斯科维奇在其著作《哲学、心理学和

文学》(*Philosophy, Psychology and Literature*, 1979)中描述的孤独，是对这种形而上学的孤独的最极端表述。他写道：所有人类存在只能处于孤独这一种状态之下。倘若有谁认为，自己的生活中并非只有孤独而已，那他便是在否定自己存在于世的基本条件。人与人之间的交流被误认为一种短暂却愉悦的幻觉。米尤斯科维奇提出，孤独是人类生活中最为基本的事实。换句话说，孤独是自我意识的基础结构。当人们尝试彻底认清自我时，能看到的只是空虚或寂寥——一言以蔽之，便是孤独。在这种笛卡尔式内省中，自我保持着最为纯粹的透明状态。但这种内省是否真的存在，人们争论不休。很多哲学家，包括康德在内，都认为它的存在非常值得怀疑。不仅如此，人们还提出了另一个问题：相较于外省，为什么我们能通过这种内省理所当然地获得多一种基本事实？可是，大家需要牢记于心的，或许是这样一个事实：米尤斯科维奇的结论太过简略和草率。为了证明自己的观点，他对很多现象进行了分析，但在分析过程中，却忽视了这些现象中蕴含的多样性。有人可能会想到，维特根斯坦曾在《哲学研究》的扉页上引用莎士比亚《李尔王》中的名句作为座右铭——我要让你知道尊卑上下之分！同时，他还曾在《哲学时间》里，强调过《金枝》里的句子：世间最难之事，便是公平公正。这体现了人们对

"将事物复杂化"这一共性的渴求(Wittgenstein, *The Blue Book, pp. 17f*)。此外,米尤斯科维奇似乎深受长期性孤独的折磨。根据自身经历,他曾在《哲学、心理学和文学中的孤独》里写道:一个人可以在短时间内摆脱孤独感的纠缠,但这种舒爽绝非永恒,甚至连长时间持续都谈不上。但是,大多数人并没有体验过他笔下的孤独。如前所述,他当然可以坚称,大多数人会或多或少地否定他们存在于世的基本条件,但我们很难把他给出的论证过程看得有多重要。)

[5] Russell, Autobiography, p. 160, cf. p. 137.

[6] Kahneman et al., 'A Survey Method for Characterizing Daily Life Experience: The Day Reconstruction Method'; Emler, 'Gossip, Reputation and Social Adaptation'.

[7] Cacioppo, Hawkley and Berntson, 'The Anatomy of Loneliness'; Wheeler, Reis and Nezlek, 'Loneliness, Social Interaction, and Sex Roles'; Hawkley et al., 'Loneliness in Everyday Life: Cardiovascular Activity, Psychosocial Context, and Health Behaviors'.

[8] Sermat, 'Some Situational and Personality Correlates of Loneliness', p. 308.

[9] Cacioppo and Patrick, Loneliness, p. 94.

[10] See especially Peplau and Perlman, 'Perspectives on Loneliness'; Perlman and Peplau, 'Toward a Social Psychology of Loneliness'.

[11] Cf. Russell et al., 'Is Loneliness the Same as Being Alone?'

[12] Tilburg, 'The Size of Supportive Network in Association with the Degree of Loneliness'.

[13] See for example Reis, The Role of Intimacy in Interpersonal Relations'.

[14] Cf. Hawkley and Cacioppo, 'Loneliness Matters: A Theoretical and Empirical Review of Consequences and Mechanisms'.

[15] Stillman et al., 'Alone and Without Purpose: Life Loses Meaning Following Social Exclusion'; Williams, 'Ostracism: The Impact of Being Rendered Meaningless'.

[16] Baumeister and Vohs, 'The Pursuit of Meaningfulness in Life'; Heine, Proulx and Vohs, 'The Meaning Maintenance Model: On the Coherence of Social Motivations'.

[17] James, The Principles of Psychology, vol. i, pp. 293-4.

[18] Dostoyevsky, Notes from the Underground, p. 33.

[19] Kierkegaard, Sickness Unto Death, p. 43.

[20] Smith, Theory of Moral Sentiments, p. 84.

[21] Ibid., p. 110.

[22] Ibid., p. 153.

[23] Shaftesbury, Characteristics of Men, Manners, Opinions, Times, p. 215.

[24] Burke, Philosophical Inquiry into the Origin of our Ideas of the Sublime and the Beautiful, p. 53.

[25] Locke, Two Treatises of Government, p. 318.

[26] Locke, Of the Conduct of the Understanding, §45, p. 285.

[27] Hume, A Treatise on Human Nature, Book ii.ii.v, p. 363.

[28] Hume, Inquiries Concerning Human Understanding and Concerning the Principles of Morals, p. 270.

[29] See for example Cacioppo and Patrick, Loneliness.

[30] Cf. Long and Averill, 'Solitude: An Exploration of Benefits of Being Alone', p. 38.

[31] Bowlby, Attachment and Loss, vol. iii: Loss: Sadness and Depression, p. 442.

[32] Cf. Young, 'Loneliness, Depression, and Cognitive

Therapy: Theory and Application'.

[33] Barthes, Mourning Diary, p. 69.

[34] Murakami, Colorless: Tsukuru Tazaki and His Years of Pilgrimage.

[35] Mahon and Yarcheski, 'Loneliness in Early Adolescents: An Empirical Test of Alternate Explanations'; Mahon and Yarcheski, 'Alternate Explanations of Loneliness in Adolescents: A Replication and Extension Study'.

[36] Weiss, Loneliness: The Experience of Emotional and Social Isolation.

[37] Another difference between these types of loneliness is that anxiety has a stronger correlation to social loneliness than emotional loneliness. (DiTommaso and Spinner, 'Social and Emotional Loneliness: A Re-examination of Weiss' Typology of Loneliness'.)

[38] Weiss, Loneliness, p. 48.

[39] Cf. Victor and Yang, 'The Prevalence of Loneliness Among Adults: A Case Study of the United Kingdom'.

[40] Geller et al., 'Loneliness as a Predictor of Hospital Emergency Department Use'.

[41] Holt-Lunstad, Smith and Layton, 'Social Relationships and Mortality Risk: A Meta-Analytic Review'. See

further Cacioppo and Cacioppo, 'Social Relationships and Health: The Toxic Effects of Perceived Social Isolation'.

[42] For a good overview of somatic correlates regarding loneliness, see Cacioppo and Patrick, Loneliness, ch. 6.

[43] Hawkley and Cacioppo, 'Aging and Loneliness - Downhill Quickly?'

[44] Hawkley and Cacioppo, 'Perceived Social Isolation: Social Threat Vigilance and its Implication for Health', pp. 770-71.

[45] Cacioppo and Patrick, Loneliness, p. 99.

[46] For discussions of loneliness in the context of different psychiatric diagnoses, see for example Coplan and Bowker, eds, The Handbook of Solitude: Psychological Perspectives on Social Isolation, Social Withdrawal, and Being Alone.

[47] Cacioppo, Hawkley and Thisted, 'Perceived Social Isolation Makes Me Sad: 5-Year Cross-lagged Analyses of Loneliness and Depressive Symptomatology in the Chicago Health, Aging, and Social Relations Study'.

[48] Stravynski and Boyer, 'Loneliness in Relation to

Suicide Ideation and Parasuicide: A Population-wide Study'; Rojas, Childhood Social Exclusion and Suicidal Behavior in Adolescence and Young Adulthood.

[49] Baumeister, Twenge and Nuss, 'Effects of Social Exclusion on Cognitive Processes: Anticipated Aloneness Reduces Intelligent Thought'; Baumeister et al., 'Social Exclusion Impairs Selfregulation'; Twenge et al., 'If You Can't Join Them, Beat Them: Effects of Social Exclusion on Aggressive Behavior'; Twenge, Catanese and Baumeister, 'Social Exclusion Causes Self-defeating Behavior'; Twenge, Catanese and Baumeister, 'Social Exclusion and the Deconstructed State: Time Perception, Meaninglessness Lethargy, Lack of Emotion, and Self-awareness'; Twenge et al., 'Social Exclusion Decreases Prosocial Behavior'.

[50] Cf. Ozcelic and Barsade, 'Work Loneliness and Employee Performance'.

第二章

[1] Ben-Ze'ev, The Subtlety of Emotions, p. 5.

[2] Ibid., p. 470.

[3] Eisenberger, Lieberman and Williams, 'Does Rejection Hurt? An fmri Study of Social Exclusion'.

[4] MacDonald and Leary, 'Why Does Social Exclusion Hurt? The Relationship Between Social and Physical Pain'.

[5] Cf. Lieberman, Social: Why Our Brains are Wired to Connect, pp. 64ff.

[6] Here I will especially emphasize Ben-Ze'ev, The Subtlety of Emotions.

[7] Ekma, 'An Argument for Basic Emotions'; Solomon, 'Back to Basics: On the Very Idea of "Basic Emotions"'.

[8] Cf. Ortony et al., The Cognitive Structure of the Emotions, p. 27.

[9] For a good discussion that takes such an approach, see Gross, The Secret History of Emotion: From Aristotle's Rhetoric to Modern Brain Science.

[10] Asher and Paquette, 'Loneliness and Peer Relations in

Childhood'.

[11] Taylor, Philosophical Papers, vol. i: Human Agency and Language, p. 63.

[12] Aristotle, Nicomachean Ethics, 1094b24.

[13] La Rochefoucauld, Collected Maxims, §27.

[14] Heidegger, Nietzsche, p. 99.

[15] Ibid., p. 51.

[16] Heidegger, Hölderlin's Hymns 'Germania' and 'The Rhein'.

[17] Heidegger, Pathmarks, p. 87.

[18] Heidegger, History of the Concept of Time: Prologmena, p. 296.

[19] Beckett, Dream of Fair to Middling Women, p. 6.

[20] Heidegger, The Fundamental Concepts of Metaphysics: World, Finitude, Solitude, p. 6.

[21] Ibid., p. 67.

[22] Wittgenstein, Tractatus logico-philosophicus, §6.43.

[23] Cf. Hawkley et al., 'Loneliness in Everyday Life: Cardiovascular Activity, Psychosocial Context, and Health Behaviors'.

[24] Aristotle, Rhetoric, 1382a.

[25] Aristotle, Nicomachean Ethics, 1115b.

[26] Shaver, Furman and Buhrmester, 'Transition to College: Network Changes, Social Skills, and Loneliness'.

[27] Flett, Hewitt and Rosa, 'Dimensions of Perfectionism, Psychosocial Adjustment, and Social Skills'.

[28] Heidegger, Being and Time, p. 148.

[29] Heidegger, Hölderlin's Hymns, p. 89.

[30] Heidegger, Being and Time, p. 136.

[31] Heidegger, Hölderlin's Hymns, p. 142.

第三章

[1] Victor et al., 'Has Loneliness amongst Older People Increased? An Investigation into Variations between Cohorts'; Victor, Scrambler and Bond, The Social World of Older People.

[2] Cf. aarp, Loneliness among Older Adults: A National Survey of Adults 45+.

[3] The data used here is taken from the survey 'Samordnet levekårsundersøkelse 1980-2012'. Statistics Norway (ssb) is responsible for the collection of the data. The data is assembled and made available in anonymized form by Norwegian Social Science Data Services (nds). Neither ssb nor nds is responsible for the analysis of the data or the interpretations made here. A huge thanks to Thomas Sevenius Nilsen at the Norwegian Institute for Public Health for help with processing the figures. (此处引用的数据，来自"生活水平调查 1980-2012 (Samordnet levekårsundersøkelse 1980-2012)"。挪威统计局负责该调查的数据收集工作。挪威社会科学数据服务中心负责将数据整理成匿名表格形式。然而，它们都

不负责对这些数据进行分析和解释。这里非常感谢挪威公共医疗机构的托马斯·塞维尼乌斯·尼尔森帮忙处理这些数据。）

[4] For an overview of a portion of these studies, see Yang and Victor, 'Age and Loneliness in 25 European Nations'; Victor and Yang, 'The Prevalence of Loneliness Among Adults: A Case Study of the United Kingdom'.

[5] See, for example, Pinquart and Sorensen, 'Influences on Loneliness in Older Adults: A Meta-analysis'. On the other hand, there are also studies that conclude that loneliness levels are lower in old age, but that deviates from most other studies (cf. Gibson, Loneliness in Later Life).

[6] Rotenberg, 'Parental Antecedents of Children's Loneliness'.

[7] Cacioppo and Patrick, Loneliness, p.24; Cacioppo, Cacioppo and Boomsma, 'Evolutionary Mechanisms for Loneliness'; Goossens et al., 'The Genetics of Loneliness: Linking Evolutionary Theory to Genome-wide Genetics, Epigenetics, and Social Science'; Distel et al., 'Familiar Resemblance for Loneliness'.

[8] Lucht et al., 'Associations between the Oxytocin Receptorgene (oxtr) and Affect, Loneliness and Intelligence in Normal Subjects'.

[9] Cf. Norman et al., 'Oxytocin Increases Autonomic Cardiac Control: Moderation by Loneliness'.

[10] Halvorsen, Ensomhet og sosial isolasjon i vår tid, p.84, 110.

[11] Tornstam, 'Loneliness in Marriage'.

[12] Yang and Victor, 'Age and Loneliness in 25 European Nations'.

[13] Ibid.

[14] An exception to this is that men who live alone more often report a significant feelings of loneliness than women who live alone. (Olds and Schwartz, The Lonely American, p. 82).
[当然也有例外,比如在独居者中,男性常比女性更易感到孤独。(Olds and Schwartz, The Lonely American, p. 82)]

[15] See, for example, Pinquart and Sorensen, 'Influences on Loneliness in Older Adults: A Meta-analysis'.

[16] See, for example, Borys and Perlman, 'Gender Differences in Loneliness'.

[17] Yang and Victor, 'Age and Loneliness in 25 European

Nations'.

[18] Olds and Schwartz, The Lonely American, p.117.

[19] Knut Halvorsen utilizes both explanations in his loneliness study, where first he indicates that the difference is alone due to the fact that women are more open about their loneliness than men. However, when he discusses loneliness among disabled boys and girls, he opens the possibility that the difference can be due to the fact that girls have different expectations of loneliness than boys. (Halvorsen, Ensomhet og sosial isolasjon i vår tid, pp.114, 117.) [克努特·哈沃尔森在对孤独的研究中,详细解释了这一现象。他首先说明,造成此种不同的原因只有一个,就是谈及自身孤独时,女人比男人更坦诚。然而,在谈及残疾儿童的孤独时,他提出了另一种可能:之所以会有这样的区别,可能是因为女孩与男孩对孤独的预期不同。(Halvorsen, Ensomhet og sosial isolasjon i vår tid, pp.114, 117.)]

[20] Boomsma et al., 'Genetic and Environmental Contributions to Loneliness in Adults: The Netherlands Twin Register Study'.

[21] Cf. Baumeister, The Cultural Animal: Human Nature,

Meaning, and Social Life, p.111.

[22] Tornstam, 'Loneliness in Marriage'.

[23] Vanhalst et al., 'The Development of Loneliness from Mid- to Late Adolescence: Trajectory Classes, Personality Traits, and Psychosocial Functioning'.

[24] Cacioppo and Patrick, Loneliness, p.94.

[25] Ibid., p.30.

[26] Ibid., pp. 13-14. See also Bell and Daly, 'Some Communicator Correlates of Loneliness'; Wanzer, Booth-Butterfield and Booth-Butterfield, 'Are Funny People Popular? An Examination of Humor Orientation, Loneliness, and Social Attraction'.

[27] Teppers et al., 'Personality Traits, Loneliness, and Attitudes toward Aloneness in Adolescence'; Cacioppo et al., 'Loneliness within a Nomological Net: An Evolutionary Perspective'.

[28] Duck, Pond and Leatham, 'Loneliness and the Evaluation of Relational Events'. See also Jones, 'Loneliness and Social Contact'; Jones and Moore, 'Loneliness and Social Support'; Jones, Sanson, and Helm, 'Loneliness and Interpersonal Judgments'; Spitzberg and Canary, 'Loneliness and Relationally

Competent Communication'.

[29] Cf. Jones, Freemon and Goswick, 'The Persistence of Loneliness: Self and Other Determinants'.

[30] Bellow, Herzog.

[31] Kupersmidt et al., 'Social Self-discrepancy Theory and Loneliness During Childhood and Adolescence'.

[32] Lau and Gruen, 'The Social Stigma of Loneliness: Effect of Target Person's and Perceiver's Sex'; Rotenberg and Kmill, 'Perception of Lonely and Non-lonely Persons as a Function of Individual Differences in Loneliness'.

[33] Cf. Hawkley et al., 'Loneliness in Everyday Life: Cardiovascular Activity, Psychosocial Context, and Health Behaviors'.

[34] Ernst and Cacioppo, 'Lonely Hearts: Psychological Perspectives on Loneliness'; Vaux, 'Social and Emotional Loneliness: The Role of Social and Personal Characteristics'.

[35] Cacioppo and Patrick, Loneliness, p.103.

[36] Cf. Twenge et al., 'Social Exclusion Decreases Prosocial Behavior'.

[37] DeWall and Baumeister, 'Alone but Feeling no Pain:

Effects of Social Exclusion on Physical Pain Tolerance and Pain Threshold, Affective Forecasting, and Interpersonal Empathy'.

[38] Jones, Hobbs and Hockenbury, 'Loneliness and Social Skill Deficits'.

[39] Bell, 'Conversational Involvement and Loneliness'.

[40] Solano, Batten and Parish, 'Loneliness and Patterns of Selfdisclosure'.

[41] Goswick and Jones, 'Loneliness, Self-concept, and Adjustment'.

[42] Lemay and Clark, '"Walking on Eggshells": How Expressing Relationship Insecurities Perpetuates Them'.

[43] Bell, 'Emotional Loneliness and the Perceived Similarity of One's Ideas and Interests'.

[44] Weisbuch and Ambady, 'Affective Divergence: Automatic Responses to Others' Emotions Depend on Group Membership'.

[45] Cf. Twenge and Campbell, The Narcissism Epidemic, pp.191-2.

[46] Shaver, Furman and Buhrmester, 'Transition to College: Network Changes, Social Skills, and Loneliness'.

[47] Cacioppo and Patrick, Loneliness, p.163.

[48] Flett, Hewitt and Rosa, 'Dimensions of Perfectionism, Psychosocial Adjustment, and Social Skills'.

[49] Næss, Bare et menneske, p.37.

[50] Ibid., p.7.

[51] Ibid., p.213.

[52] Ibid., p.36.

[53] Ibid., p.132.

[54] Ibid., p.250.

[55] Gardner et al., 'On the Outside Looking In: Loneliness and Social Monitoring'.

[56] Dandeneau et al., 'Cutting Stress Off at the Pass: Reducing Vigilance and Responsiveness to Social Threat by Manipulating Attention'; Murray et al., 'Balancing Connectedness and Self-protection Goals in Close Relationships: A Levels-ofProcessing Perspective on Risk Regulation'.

[57] DeWall et al., 'It's the Thought that Counts: The Role of Hostile Cognition in Shaping Aggressive Responses to Social Exclusion'.

[58] Maner et al., 'Does Social Exclusion Motivate Interpersonal Reconnection? Resolving the "Porcupine Problem"'.

第四章

[1] It must be observed that at present too little research has been conducted to clarify the relationship between these phenomena. In loneliness research, there are just a handful of studies that take up the connection, and in trust research loneliness remains largely un-themed. See the following studies: Rotenberg, 'Loneliness and Interpersonal Trust'; Rotenberg et al., 'The Relationship between Loneliness and Interpersonal Trust during Middle Childhood'; Rotenberg et al., 'The Relation Between Trust Beliefs and Loneliness during Early Childhood, MiddleChildhood, and Adulthood'. (必须要注意的是，迄今为止，有助于解释孤独与信任间关系的研究实在太少。在对孤独的研究中，此类研究数量较少；而在对信任的研究中，孤独很少被当作一个课题展开深耕。关于孤独与信任间关系的研究如下：Rotenberg, 'Loneliness and Interpersonal Trust'; Rotenberg et al., 'The Relationship between Loneliness and Interpersonal Trust during Middle Childhood'; Rotenberg et al., 'The Relation Between

Trust Beliefs and Loneliness during Early Childhood, MiddleChildhood, and Adulthood'.)

[2] Rotenberg et al., 'The Relation between Trust Beliefs and Loneliness during Early Childhood, Middle Childhood, and Adulthood'.

[3] Halvorsen, Ensomhet og sosial isolasjon i vår tid, p.75.

[4] Auster, The Invention of Solitude, p.50.

[5] Cf. 'Loneliness in Everyday Life: Cardiovascular Activity, Psychosocial Context, and Health Behaviors'.

[6] Ernst and Cacioppo, 'Lonely Hearts: Psychological Perspectives on Loneliness', and Vaux, 'Social and Emotional Loneliness: The Role of Social and Personal Characteristics'.

[7] Bell, 'Emotional Loneliness and the Perceived Similarity of One's Ideas and Interests'.

[8] Simmel, The Philosophy of Money, p.191.

[9] For measurements of trust levels in different countries and its development over time, see www.worldvaluessurvey.org/wvs.jsp.

[10] oecd, 'Trust', in Society at a Glance, 2011: oecd Social Indicators, pp.90-91.

[11] See for example, oecd, Society at a Glance, 2014:

oecd Social Indicators, pp.138ff.

[12] Wollebæk and Segaard, Sosial kapital i Norge.

[13] A common suggestion has been that ethnic homogeneity creates trust and ethnic diversity reduces trust, but this appears to only partially be the case. In neighbourhoods with greater ethnic diversity, there is a lower level of trust between neighbours, but this ethnic diversity does not appear to create lower levels of generalized trust. (Cf. Meer and Tolsma, 'Ethnic Diversity and its Effects on Social Cohesion'.) (民族同质性建立了信任感,民族多样性则会削弱信任感。但这种假设并非完全正确。比如,在一个多民族居民聚集的居民区,邻里间的信任等级的确比较低。但这种多样性似乎不会使他们的总体信任等级降低。)

[14] Cf. Fukuyama, Political Order and Political Decay, pp.97-125, see especially pp.123ff.

[15] Bergh and Bjørnskov, 'Historical Trust Levels Predict the Current Size of the Welfare State'.

[16] Eliot, Middlemarch, p.273.

[17] Cf. Grimen, Hva er tillit, p.109.

[18] La Rochefoucauld, Collected Maxims, §84.

[19] Ibid., §86.

[20] Fukuyama, Trust: The Social Virtues and the Creation of Prosperity, pp.27, 152-3.

[21] Løgstrup, The Ethical Demand, p.8.

[22] Cf. Hawkley et al., 'Loneliness in Everyday Life: Cardiovascular Activity, Psychosocial Context, and Health Behaviors'.

[23] Rotenberg et al., 'The Relation between Trust Beliefs and Loneliness during Early Childhood, Middle Childhood, and Adulthood'.

[24] Terrell, Terrell and von Drashek, 'Loneliness and Fear of Intimacy among Adolescents who were Taught Not to Trust Strangers during Childhood'.

[25] Shallcross and Simpson, 'Trust and Responsiveness in Strain-test Situations: A Dyadic Perspective'.

第五章

[1] See for example Caine, ed., Friendship: A History, and May, Love: A History.

[2] Aristotle, Politics, 1253a.

[3] Ibid.

[4] Aristotle, Nicomachean Ethics, 1169b10.

[5] Ibid., 1156a9.

[6] Ibid., 1156b7-12.

[7] Ibid., 1156b25.

[8] Ibid., 1166a30.

[9] Kant, Lectures on Ethics, pp.24, 27, 54.

[10] Kant, The Metaphysics of Morals, pp.216-17.

[11] Ibid., p.217.

[12] Kant, Lectures on Ethics, pp.185-6.

[13] Ibid., p.410.

[14] Ibid., p.25.

[15] Ibid., p.182.

[16] Ibid., pp.413-14.

[17] Kant, 'On the Character of the Species', in

Anthropology from a Pragmatic Point of View, Part ii.e, p.184.

[18] Ibid., part ii.e, p.190. On this, see further Kant, Lectures on Anthropology, pp.499-500.

[19] Kant, 'Idea for a Universal History with a Cosmopolitan Purpose', p.44. See also Metaphysics of Morals, p.216.

[20] On this subject, see further Kant, Lectures on Ethics, p.174.

[21] Kant, Metaphysics of Morals, pp. 216-17.

[22] Ibid., p.216.

[23] Kant, Lectures on Ethics, p.190.

[24] See especially Montaigne, 'Of Solitude'.

[25] Montaigne, 'Of Friendship', p.383.

[26] Ibid., pp.390-91.

[27] Ibid., pp.391, 393.

[28] Ibid., p.397.

[29] Ibid., p.400.

[30] Cf. Aristotle, Rhetoric, 1380b36.

[31] Simmel, Sociology, p.321.

[32] Plato, Symposium, 189d-190a.

[33] Ibid., 191a-b.

[34] Ibid., 193c.

[35] Abelard and Heloise: The Letters and Other Writings.

[36] Goethe, The Sorrows of Young Werther, p.25.

[37] Ibid., p.31.

[38] Ibid., p.86.

[39] Ibid., p. 53.

[40] Ibid., p. 127.

[41] Heidegger, History of the Concept of Time: Prolomegna, pp.296-7.

[42] Milligan, Love, p.3.

[43] Cited from Arkins, Builders of My Soul: Greek and Roman Themes in Yeats, p.148.

[44] Joyce, 'A Portrait of the Artist as a Young Man' and 'Dubliners', p.409. The example is taken from Milligan, Love, pp.16-17.

[45] Baudelaire, Paris Spleen, pp. 51-2.

[46] Mykle, Largo, p. 114.

[47] Tolstoy, Family Happiness and Other Stories, p.38.

[48] Frankfurt, The Importance of What We Care About, p.170.

[49] Jaspers, 'The Individual and Solitude', p.189.

[50] Ibid.

[51] Jaspers, Philosophie ii. Existenzerhellung, p.61.

[52] Ibid., p.62.

[53] Rilke, Letter to a Young Poet, p.35.

第六章

[1] Beck, Risk Society, p.122.

[2] Mill, Principles of Political Economy with Some of their Applications to Social Philosophy, p. 938.

[3] See especially Berlin, Liberty. I have analysed the concepts of negative and positive freedom in The Philosophy of Freedom, ch. 6.

[4] Sen, Rationality and Freedom, chs 20-22.

[5] See especially Simmel, 'Die beiden Formen des Individualismus', and Simmel, 'Kant und der Individualismus'.

[6] Simmel, Kant. Die Probleme der Geschichtsphilosophie, p.220.

[7] Simmel, 'Die beiden Formen des Individualismus', p.54. In and of itself, this is no unreasonable assertion, but it is rather surprising that Simmel does not one mention that the most radical variant of Romantic, liberal individualism is developed by Wilhelm von Humboldt in The Limits of State Action (1792), which in its own right proved a main source of inspiration for John Stuart

Mill's liberalism, where the necessity of an individual space for the development of a unique personality was central to political philosophy and social philosophy. (就其本身而言,其中并没有什么不合理的结论。但让我震惊的是,不止齐美尔一人认为,浪漫主义是自由个人主义最为重要的变种。威廉·冯·洪堡在他1792年出版的《国家行为的边界》中,首次提出了自由个人主义这一概念。约翰·斯图尔特·穆勒受此启发,提出了自己的个人主义观——人们若想发展出独特个性,个人空间不可或缺,这是政治哲学与社会哲学的核心。)

[8] Simmel, 'The Metropolis and Mental Life'.

[9] Cf. Giddens, Modernity and Self-identity: Self and Identity in the Late Modern Age, p.5, and Giddens, The Transformations of Intimacy, p.30.

[10] Nietzsche, The Gay Science, §270, cf. §335.

[11] Cf. Taylor, The Ethics of Authenticity, p.40.

[12] Mead, Mind, Self and Society.

[13] Sandel, Liberalism and the Limits of Justice, p.179.

[14] Cf. Marar, The Happiness Paradox.

[15] Cf. Klinenberg, Going Solo, p.3.

[16] Ibid., pp. 4-5.

[17] Olds and Schwartz, The Lonely American, p.82.

[18] eu, Independent Living for the Ageing Society.

[19] Klinenberg, Going Solo, p.160.

[20] Ibid., p.10.

[21] Schumpeter, Capitalism, Socialism and Democracy, pp. 157-8.

[22] Gerstel and Sarkisian, 'Marriage: The Good, the Bad, and the Greedy'; Musick and Bumpass, 'Reexamining the Case for Marriage: Union Formation and Changes in Well-being'. See also Klinenberg, Going Solo.

[23] DePaulo, 'Single in a Society Preoccupied with Couples'.

[24] Mellor et al., 'Need for Belonging, Relationship Satisfaction, Loneliness, and Life Satisfaction'.

[25] Klinenberg, Going Solo, pp. 98ff.

[26] Marche, 'Is Facebook Making Us Lonely?'.

[27] Weber, The Protestant Ethic and the Spirit of Capitalism, p.60.

[28] Tocqueville, Democracy in America, p.884.

[29] Fukuyama, 'The Great Disruption', Atlantic Monthly.

[30] Putnam, Bowling Alone, p.158.

[31] For a good overview, see Thompson, 'The Theory that Won't Die: From Mass Society to the Decline of Social

Capital', p.423.

[32] Ibid., p.425.

[33] Putnam, Bowling Alone, p.403.

[34] Fischer, Still Connected: Family and Friends in America since 1970. See also Fischer, Made in America: A Social History of American Culture and Character.

[35] Fischer, Made in America, p.155.

[36] McPherson, Smith-Lovin and Brashears, 'Social Isolation in America: Changes in Core Discussion Networks over Two Decades'.

[37] Fischer, 'The 2004 Finding of Shrunken Social Networks: An Artifact'.

[38] Rokach et al., 'The Effects of Culture on the Meaning of Loneliness'; Rokach, 'The Effect of Age and Culture on the Causes of Loneliness'.

[39] Lykes and Kemmelmeier, 'What Predicts Loneliness? Cultural Difference Between Individualistic and Collectivistic Societies in Europe'.

[40] De Jong Gierveld and Van Tilburg, 'The De Jong Gierveld Short Scales for Emotional and Social Loneliness: Tested on Data from Seven Countries in the

un Generations and Gender Surveys'.

[41] Lykes and Kemmelmeier, 'What Predicts Loneliness? Cultural Difference Between Individualistic and Collectivistic Societies in Europe'.

[42] Diener and Diener, 'Cross-cultural Correlates of Life Satisfaction and Self-esteem'.

[43] Cf. Beck and Beck-Gernsheim, Individualization, p.xxii.

[44] Dreyfus, On the Internet.

[45] Turkle, Alone Together.

[46] Kraut et al., 'Internet Paradox. A Social Technology that Reduces Social Involvement and Psychological Well-being'.

[47] Kraut et al., 'Internet Paradox Revisited'.

[48] Whitty and McLaughlin, 'Online Recreation: The Relationship between Loneliness, Internet Self-efficacy and the Use of the Internet for Entertainment Purposes'.

[49] Cf. Rainie and Wellman, Networked: The New Social Operating System.

[50] Hampton et al., Social Isolation and New Technology.

[51] Brandtzæg, 'Social Networking Sites: Their Users and Social Implications-A Longitudinal Study'.

[52] Amichai-Hamburger and Schneider, 'Loneliness and Internet Use'.

[53] Ibid.

[54] Deresiewicz, 'The End of Solitude'.

[55] Conley, Elsewhere, u.s.a., p.104.

第七章

[1] Cf. Long and Averill, 'Solitude: An Exploration of Benefits of Being Alone'.

[2] Galanaki, 'Are Children Able to Distinguish among the Concepts of Aloneness, Loneliness, and Solitude?'

[3] Larson, 'The Emergence of Solitude as a Constructive Domain of Experience in Early Adolescence'.

[4] Cicero, On Friendship, p. 83.

[5] Cicero, On Duties, Book i, ch. 43ff.

[6] Zimmermann, On Solitude, vol. iv, pp. 373-4.

[7] Ibid., vol. i, p. 286.

[8] Ibid., vol. i, pp. 20, 29-30.

[9] Garve, Über Gesellschaft und Einsamkeit.

[10] Ibid., vol. i, pp. 55-6.

[11] Ibid., vol. i, p. 99.

[12] Ibid., vol. i, p. 334.

[13] Kant, Critique of Judgement, p. 87.

[14] Kant, Anthropology from a Pragmatic Point of View, Part i, §88, pp. 143-4.

[15] This is not just true of philosophy. In the Bible God

has a tendency to impart His message to people when they are alone. Moses received the Torah after spending forty days alone on Mount Sinai. Paul was alone when he received his revelation on the way to Damascus. Even though Jesus was undoubtedly a social figure, he often withdrew to pray in solitude, and he ordered his disciples to do the same. Early saints went out in the wilderness, away from their fellow men, to experience the tests Jesus had undergone there, and through this isolation to achieve a closer bond with God. Muhammad received his first revelation when he was alone in his cave on Jabal al-Nour. Ultimately, revelations seem to take place in solitude. (这不仅在哲学上是正确的。在《圣经》中，上帝倾向于在人们孤独时降下箴言。摩西在西奈山独自思考40日，最终创作了《摩西五经》。在前往大马士革的路上，保罗也是在孤身一人之时，得到了神的启示。即使众人皆知，耶稣是个典型的社交形象，他也时常独自祈祷，且号召他的信徒也如此做。早年间，圣人们总是离信徒而去，孤身漫步于荒野，去体验耶稣曾经历过的试炼。他们认为，这般独处可以让自己与上帝产生更为紧密的联系。穆罕默德第一次接受真主启示时，是独自

在光明山的山洞里。基本上，启示似乎总会在孤独中诞生。）

[16] Descartes, A Discourse on the Method of Correctly Conducting One's Reason and Seeking Truth in the Sciences, p. 27.

[17] Aristotle, Nicomachean Ethics, 1177a-b.

[18] See for example Eckhart, 'On Detachment.'

[19] Cf. St John of the Cross, Dark Night of the Soul, chs vi-vii, pp. 52-7.

[20] Petrarch, The Life of Solitude.

[21] Ibid., p. 131.

[22] Montaigne, 'Of Solitude', p. 481.

[23] Ibid., pp. 488-9.

[24] Ibid., p. 485.

[25] Ibid., p. 498.

[26] Cf. Montaigne, 'Of Three Commerces', pp. 1220-21.

[27] Emerson, 'Nature'.

[28] Emerson, 'Experience', p. 322.

[29] Wordsworth, The Prelude, Book 4, ll. 354-8, p. 161.

[30] Schopenhauer, Parerga and Paralipomena, i, p. 24.

[31] Ibid., p. 26.

[32] Ibid.

[33] Ibid., pp. 28-9.

[34] Ibid., p. 27.

[35] Nietzsche, Daybreak, §491, p. 201.

[36] Nietzsche, Human, All too Human, vol. ii, §333, p. 344. Cf. Nietzsche, Daybreak, §566, p. 227.

[37] Nietzsche, Thus Spoke Zarathustra, p. 49.

[38] Nietzsche, Beyond Good and Evil, §284, p. 171.

[39] Ibid., §25, p. 26.

[40] Nietzsche, Daybreak, §443, p. 188.

[41] Nietzsche, Thus Spoke Zarathustra, p. 255.

[42] Nietzsche, Nachgelassene Fragmente, 1880-1882, p. 110.

[43] Rousseau, Reveries of the Solitary Walker.

[44] Ibid., p. 1.

[45] Ibid., p. 84.

[46] Rousseau, Emile, or, On Education, p. 39.

[47] In other words, the exact opposite of Thomas Hobbes's description of human life in a natural state, 'solitary, poor, nasty, brutish, and short' (Hobbes, Leviathan, p. 76).

[48] Kant, 'Conjectural Beginning of Human History', p. 174.

[49] Rousseau, Discourse on Inequality, p. 41.

[50] Ibid., pp. 34-5.

[51] Thoreau, Walden, p. 131.

[52] Abbey, Desert Solitaire: A Season in the Wilderness.

[53] Thoreau, Walden, p. 131.

[54] Hayek, The Constitution of Liberty, p. 61.

[55] Cf. Ariès and Duby, eds, A History of Private Life; Weintraub and Kumar, eds, Public and Private in Thought and Practice.

[56] Cf. Moore, Jr, Privacy.

[57] Mill, Principles of Political Economy, p. 756.

[58] Long and Averill, 'Solitude: An Exploration of Benefits of Being Alone', p. 30.

[59] Cf. Sartre, Being and Nothingness, pp. 347ff.

[60] Ibid., p. 321.

[61] Ibid., p. 320.

[62] Larson, 'The Solitary Side of Life: An Examination of the Time People Spend Alone from Childhood to Old Age'.

[63] Hammitt, Backman and Davis, 'Cognitive Dimensions of Wilderness Privacy: An 18-year Trend Comparison'.

[64] Fichte, 'Some Lectures Concerning the Scholar's

Vocation'.
[65] Fichte, The System of Ethics, p. 262.
[66] Duras, Writing, p. 2.
[67] Leary et al., 'Finding Pleasure in Solitary Activities: Desire for Aloneness or Disinterest in Social Contact?'
[68] Russell, Unpopular Essays, pp. 67-8.
[69] Marquard, 'Plädoyer für die Einsamkeitsfähigkeit'.
[70] Ibid., p. 120. See also Marquard, Farewell to Matters of Principle, p. 16.
[71] Kant, 'An Answer to the Question: What is Enlightenment?', p. 41.
[72] Pascal, Pensées, pp. 39-40.
[73] Wilson et al., 'Just Think: The Challenges of the Disengaged Mind'.
[74] Nietzsche, Daybreak, §443, p. 188.
[75] Macho, 'Mit sich allein. Einsamkeit als Kulturtechnik'. See also Sloterdijk, You Must Change Your Life, pp. 361ff.
[76] Butler, 'A Melancholy Man', p. 59.
[77] Csikszentmihalyi, Creativity, pp. 65-6.
[78] Ibid., p. 177.
[79] Arendt, The Origins of Totalitarianism, p. 475.

[80] Arendt, The Human Condition, p. 226.

[81] Ibid., p. 75.

[82] Arendt, The Origins of Totalitarianism, p. 476.

[83] Arendt, The Life of the Mind, vol. i: Thinking, p. 185.

[84] Hauge, 'Attum einsemds berg'.

第八章

[1] Heinrich and Gullone, 'The Clinical Significance of Loneliness: A Literature Review'.

[2] Didion, Play It as It Lays, pp.122-3.

[3] Stillman et al., 'Alone and Without Purpose: Life Loses Meaning Following Social Exclusion'; Williams, 'Ostracism: The Impact of Being Rendered Meaningless'.

[4] Baumeister and Vohs, 'The Pursuit of Meaningfulness in Life'; Heine, Proulx and Vohs, 'The Meaning Maintenance Model: On the Coherence of Social Motivations'.

[5] Baumeister and Leary, 'The Need to Belong: Desire for Interpersonal Attachments as a Fundamental Human Motivation', p.497. For an elaboration, see Baumeister, The Cultural Animal.

[6] Gere and MacDonald, 'An Update of the Empirical Case for the Need to Belong'; Mellor et al., 'Need for Belonging, Relationship Satisfaction, Loneliness, and Life Satisfaction'; Kelly, 'Individual Differences in

Reactions to Rejection'.

[7] Slater, The Pursuit of Loneliness, p.5.

[8] Hegel, 'Introduction to Aesthetics', in Hegel's Aesthetics, p.66.

[9] Aristotle, Nicomachean Ethics, 1114b22.

[10] Frankfurt, Taking Ourselves Seriously and Getting it Right, p.7.

[11] As Richard Sennet writes, 'The reigning belief today is that closeness between persons is a moral good. The reigning aspiration today is to develop individual personality through experiences of closeness and warmth with others. The reigning myth today is that the evils of society can all be understood as evils of impersonality, alienation, and coldness. The sum of these three is an ideology of intimacy: social relationships of all kinds are real, believable, and authentic the closer they approach the inner psychological concerns of each person. This ideology transmutes political categories into psychological categories. The ideology of intimacy defines the humanitarian spirit of a society without gods: warmth is our god' (Sennett, The Fall of Public Man, p.259).

[正如理查德·桑内特写到的那样:"如今的主流观点认为,人与人之间的亲密关系是一种道德上的善;如今的主流意愿是,通过与他人的亲密关系及其带来的温暖,培养自己的个性;如今的主流谬论是,社会上的恶都是孤僻、疏远、淡漠带来的恶。三者合而为一,构筑了'亲密'这一意识形态:在各种类型的社会关系中,随着人们逐渐触及彼此内心深处的心理关注点,这些关系会变得愈加真实可信。这种意识形态定义了在没有上帝的世界里,何谓人道主义:交往带来的温暖便是上帝。(理查德·桑内特,《公共人的衰落》,259)"]

[12] Pascal, Pensées, pp.61-2.

[13] Elias, The Loneliness of the Dying, p.66.

[14] Bjørneboe, The Bird Lovers, p.153.

[15] Lawrence, Late Essays and Articles, pp.297-8.

[16] Ford, Canada, p.292.

致 A Philosophy of Loneliness 谢

感谢西丽·索尔丽、马里乌斯·多海姆、扬·哈默、埃里克·索斯藤森,他们为我的创作提供了很多宝贵意见。特别要感谢托马斯·塞韦纽斯·尼尔森,他帮我整理了关于挪威人生活状况调查的数据。最后还要感谢与我多年合作的编辑英格丽德·尤杰维克,感谢她再次向我提供了优秀的建议和见解。